Nora Yamaguchi

Lichterträume und Kirschblütenwälder

AF222273

Lichter flackern, Blüten tanzen.
Japan atmet in Geschichten.

Nora Yamaguchi

Lichterträume und Kirschblütenwälder

Literarische Kurzgeschichten

Zeitgenössische japanische Erzählkunst mit magischem Realismus

Bibliografische Information der Deutschen Nationalbibliothek: Die Deutsche Nationalbibliothek verzeichnet diese Publikation in der Deutschen Nationalbibliografie; detaillierte bibliografische Daten sind im Internet über http://dnb.dnb.de abrufbar.

Verlag: BoD · Books on Demand GmbH, Überseering 33,

22297 Hamburg, bod@bod.de

Druck: Libri Plureos GmbH, Friedensallee 273, 22763 Hamburg

ISBN: 978-3-8192-3080-6

Inhaltsverzeichnis

EINS

„TOKIO – NEON AUS GLAS"

Tokio schlief nie, aber es vergaß oft zu atmen. Die Straßen glänzten feucht von einem leichten Nieselregen, der wie ein Schleier über dem Asphalt hing. In der Ferne flackerte das Licht eines Automaten, der kalten Kaffee versprach, als wäre er Trost.

Koji Murakami saß im Führerstand der letzten U-Bahn des Tages, Linie H4, westwärts. Es war seine Stammstrecke – Shinjuku bis Kichijoji, jede Station ein vertrauter Puls in der immer gleichen Nacht. Die Kontrolle war beruhigend. Hebel, Anzeigen, Schienen. Kein Spielraum für Chaos.

Draußen zogen Schatten an den Fenstern vorbei. Hier unten gab es keine Tageszeiten, nur Beton und Neonreflexe. Die Welt an der Oberfläche war längst nicht mehr seine.

Er blickte in den Rückspiegel zur letzten Waggontür. Drei Passagiere, stumm, versunken in ihre leuchtenden Bildschirme. Und dann sah er sie.

Sitzplatz links, Reihe drei.

Langes, schwarzes Haar. Blass, wie aus Licht geschnitten. Ein Profil, das ihn traf wie ein Stromschlag. Yuna.

Sein Herz stockte. Das konnte nicht sein. Nicht hier. Nicht jetzt.

Er rieb sich die Augen, fuhr sich über das Gesicht. Als er wieder hinsah, war sie immer noch da. Kopf gesenkt. Kopfhörer. Blick ins Nichts. Und doch: dieselbe Art, die Finger in den Schoß zu falten. Dasselbe kleine Muttermal am Hals.

Der Bordfunk rauschte, als würde die U-Bahn selbst atmen. Koji tastete nach dem Mikrofon, sagte nichts. Die Anzeige zeigte die nächste Station: Kugayama.

Doch da war ein Fehler. Kugayama war seit sechs Jahren geschlossen – ein Umbau, nie abgeschlossen. Kein Halt mehr. Keine Ein- oder Ausstiege. Nur leere Gleise und vergessene Pläne.

Die Bahn verlangsamte, bremste sanft. Ein rotes Licht blinkte. „Automatischer Zwischenstopp. Signalstörung."

Die Tür öffnete sich trotzdem. Kurz. Wie ein Flüstern.

Die Frau sah auf. Ihre Augen trafen seine im Spiegel. Und lächelten.

Dann – Dunkelheit. Die Lichter flackerten, der Zug vibrierte. Als sie wieder angingen, war der Platz leer. Kein Geräusch. Kein Schritt. Keine Spur.

Koji stand auf, öffnete die Tür zum Fahrgastbereich. Niemand hatte sie bemerkt. Niemand hatte sie gesehen. Die anderen Passagiere wirkten unverändert, wie eingefroren im digitalen Nebel ihrer Bildschirme.

Er ging zurück, setzte sich. Hände am Steuer. Tunnel voraus.

„Das war nicht Yuna", sagte er laut.
Aber seine Stimme klang nicht überzeugt.

Am nächsten Morgen stand Tokio in einem milchigen Licht. Es regnete nicht mehr, aber der Himmel blieb grau, als hätte jemand die Farben vergessen. Koji war früh wach, wie immer. Die Jahre hatten ihm einen inneren Wecker eingepflanzt, präziser als jeder Alarm.

Er kochte Kaffee, obwohl er ihn kaum trank. Der Geruch war ein Ritual. Sicherheit. Etwas Greifbares.

Aber seine Gedanken waren woanders.

Kugayama.

Er hatte es überprüft. Noch in der Nacht. Die Station war offiziell geschlossen. Umbauarbeiten seit 2019, geplante Wiedereröffnung nie erfolgt. Kein Personenzugang. Keine Haltepunkte im System. Und doch war die Tür aufgegangen. Die Lichter hatten geflackert. Und da war sie gewesen.

Koji nahm den alten Fahrplan aus der Schublade – eine ausgedruckte Version von damals, bevor sie alles nur noch über Tablets machten. Kugayama war da noch gelistet. Seine Finger glitten über das Papier, als könnte er etwas spüren, das nicht mehr war.

Er nahm sich vor, nach der Frühschicht dort anzuhalten – auch wenn es verboten war. Ein technisches Problem vorschieben. Ein Notfall. Irgendetwas.

Die Station Kichijoji wirkte leerer als sonst, aber das war vielleicht nur Koji selbst, der heute weniger Menschen wahrnahm. Die Welt war wie gedämpft.

Sein Kollege an der Kontrollstation, ein junger Mann namens Shota, hob kurz die Hand.
„Alles in Ordnung, Murakami-san? Sie sehen müde aus."
„Schlecht geschlafen", murmelte Koji.
Keine Lüge.

20:42 Uhr. Linie H4, wie am Vorabend.

Koji saß wieder im Führerstand. Die gleichen Anzeigen. Die gleichen Schienen. Aber sein Blick wanderte immer wieder zur Anzeige für den Notstopp. Die Stelle vor Kugayama. Er kannte sie auswendig – da war keine Weiche, keine Möglichkeit zum Halten. Und trotzdem …

21:07 Uhr.

Sie näherten sich der Stelle. Koji bremste leicht, täuschte einen Widerstand vor.

„Stromabfall. Verminderte Sicht."

Er meldete es durch, wie vorgeschrieben – und blieb stehen.

Die Türen blieben diesmal geschlossen. Kein Lichtflackern. Nur Dunkelheit.

Er trat aus der Kabine, ging den Waggon entlang. Niemand im dritten Abteil. Keine Yuna. Kein Zeichen. Doch dann sah er etwas auf dem Sitz, den sie gestern besetzt hatte.

Ein kleiner, zusammengefalteter Zettel.

Zittrige Schrift. Nur ein Satz:

„Sieh dorthin, wo du weggeschaut hast."

Koji blieb stehen, als hätte ihn jemand geschlagen.

Er kannte die Handschrift. Er hatte sie in unzähligen Schulheften gesehen, auf Einkaufszetteln, in alten Geburtstagskarten.

Yuna.

Die Türen schlossen sich wieder lautlos. Der Zug setzte sich ruckartig in Bewegung, als hätte er keine Geduld für Erinnerungen. Koji stand noch immer im Gang, die Finger um den kleinen Zettel verkrampft.

„Sieh dorthin, wo du weggeschaut hast."

Der Satz war kein Vorwurf. Kein Befehl. Er las sich wie ein Echo – weich, fast traurig.

Er kehrte zurück in den Führerstand, setzte sich, startete die automatische Ansage. Seine Hände arbeiteten wie immer, doch sein Geist war weit entfernt.

Erinnerung.

Yuna war acht gewesen, als sie ihn zum ersten Mal gefragt hatte, warum er nie in ihr Zimmer kam, wenn sie weinte.
Er hatte nicht geantwortet.
Einmal, Jahre später, hatte sie es wieder getan – mit 17, nach einem Streit mit ihrer Mutter.
Damals hatte er etwas gesagt.
„Ich dachte, du willst allein sein."

Und Yuna hatte nur gelächelt, dieses zarte, geschlossene Lächeln, das mehr Abstand bedeutete als Worte je könnten.

Er war nie ein guter Vater gewesen. Er war pünktlich, zuverlässig, höflich – aber nie wirklich da. Selbst als sie verschwunden war, hatte er keine Wut gespürt. Nur Leere.
Und Schuld.

Später, in seiner Wohnung, legte er den Zettel in eine Schublade – zu alten Fotos und Dingen, die er nicht mehr anzusehen wagte. Doch diesmal tat er es.

Er nahm das Fotoalbum heraus. Yuna, als Kind, auf dem Spielplatz in Nerima. Yuna, mit ihrer ersten Kamera. Yuna, auf der Abschlussfeier. Und er, immer nur halb im Bild – oder gar nicht.

Dann fand er den kleinen Diktierrekorder. Ein älteres Modell, das sie benutzt hatte, als sie für ihre Uni Tonaufnahmen gemacht hatte. Sie hatte Medienkunst studiert. Interviews, Stadtgeräusche, Alltagscollagen – das war ihr Ding gewesen.

Koji wusste nicht, warum er ihn aufgehoben hatte. Oder doch. Vielleicht hatte er gehofft, sie hätte etwas darauf hinterlassen.

Er schaltete ihn ein. Die Batterie war schwach, aber noch lebendig. Ein digitales Klicken, dann rauschte es.

Dann:

„Tokio klingt wie Wasser auf Glas."

Yunas Stimme. Weich, klar.
Er hielt den Atem an.

„Wenn man lange genug hinhört, erkennt man die Risse. Nicht im Ton – in den Menschen. In den Stimmen. In den Dingen, die sie nicht sagen."

Eine kurze Pause.

„Manchmal frage ich mich, ob mein Vater jemals hingehört hat."

Stille.

Koji schloss die Augen.

Am nächsten Tag suchte er sich einen freien Tag, was er seit Jahren nicht getan hatte. Er ging zur alten Station Kugayama, diesmal nicht mit dem Zug, sondern zu Fuß – durch Seitenstraßen, vorbei an geschlossenen Geschäften und halb vergessenen Cafés.

Die Station war mit Bauzäunen abgesperrt, verwittert, voller Graffiti. Doch auf einer der Stützpfeiler entdeckte er ein Symbol – ein stilisiertes Auge, aus Linien gezeichnet. Er hatte es schon einmal gesehen. In Yunas Skizzenbuch, das sie immer bei sich getragen hatte. Immer dieses Auge.

Darunter: ein Wort, mit schwarzem Marker.

„RE:Vision"

Koji war kein neugieriger Mensch. Nie gewesen. In seiner Welt gab es Fahrpläne, Abläufe, Signale. Aber jetzt, da seine Tochter sich aus der

Leere gemeldet hatte – oder etwas, das sich so anfühlte – war da ein Drang, den er nicht kannte. Keine Hast. Aber auch kein Zögern mehr.

Er verbrachte den Nachmittag in einem kleinen Café in Kōenji, nahe der alten Station. Ein Ort, in dem junge Leute saßen, mit Laptops, Notizbüchern, Kopfhörern. Er fühlte sich fremd – zu alt, zu leise, zu schwer in der Welt dieser Leichtigkeit.

Er tippte „RE:Vision Tokio" in die Suchmaschine auf seinem alten Smartphone. Erst kam nichts. Dann: Ein paar kryptische Blogeinträge, halb anonym. Fotos von Projektionen in Tunneln, Street-Art mit dem Auge. Sätze wie:

„RE:Vision ist kein Ort. Es ist ein Blick."
„Wir bauen die Stadt neu – nicht aus Beton, sondern aus Erinnerung."
„Wer nicht hinsieht, wird niemals sehen."

Und dann: ein Name.

Shiraishi Moe – eine ehemalige Künstlerin, jetzt angeblich „verschwunden". Letzte Ausstellung: „Stimmen unter Glas", vor zwei Jahren. Veranstaltungsort: Ein stillgelegter Bahnabschnitt zwischen Kugayama und Hamadayama.

Koji notierte sich den Namen. Nicht, weil er wusste, was er damit tun sollte, sondern weil es das erste konkrete Stück war in einem Puzzle, das noch keinen Rand hatte.

Am Abend hörte er sich die Tonaufnahmen auf dem alten Diktiergerät erneut an. Nicht nur einmal – mehrmals. Zwischen den Aussagen lagen Pausen. Längere, ungeschnittene Abschnitte voller Alltagsgeräusche. Straßenlärm. Fahrstühle. Schritte in einem Tunnel? Stimmen, die flüsterten, kaum hörbar.

Und dann – eine Stelle, fast am Ende der Datei. Leise, verrauscht, aber eindeutig.

„…wenn du das hörst, Papa … dann hast du es vielleicht endlich gesehen."

Pause. Dann ein weiteres Flüstern, kaum mehr als ein Atemzug:

„Komm zu den Spiegeln."

Er spielte es mehrmals ab. Rückwärts, langsamer, mit Kopfhörern. Immer gleich.
„Komm zu den Spiegeln."

Am nächsten Tag stand Koji erneut vor dem Bauzaun an Kugayama. Diesmal war er vorbereitet. Dunkle Kleidung, Stirnlampe, Werkzeugtasche mit Ausweis – er hatte früher einmal kleine Wartungsarbeiten machen dürfen, kannte die alten Wege. Unter einer losen Abdeckung fand er den Notzugang zur Serviceleiter.

Als er unten ankam, umfing ihn die Stadt in ihrer Urform: still, roh, kalt. Der Beton roch nach Feuchtigkeit, Metall und Zeit. Seine Schritte hallten. Kein Licht, außer dem seiner Lampe.

Und dann – wie aus dem Nichts – ein Schimmer.

Nicht Licht. Spiegelung.

Er trat um eine Ecke und sah sie: eine Spiegelwand. Rechteckige, gleichmäßig angebrachte Spiegel entlang der Tunnelwand, teilweise blind, teilweise klar. Auf jedem ein Graffiti, ein Symbol, ein Fragment eines Gesichts, ein Satz.

„Wer bist du, wenn niemand hinsieht?"
„Zug der Erinnerung. Nicht einsteigen, wenn du nicht bereit bist."
„Y. lebt. Anders."

In einem der Spiegel sah er sich selbst. Alt. Müde. Aber hinter ihm – nur für einen Sekundenbruchteil – ein Schatten. Ein Schemen, weiblich, mit schwarzem Haar.

Er drehte sich um. Nichts.

Nur der Klang eines entfernten Zuges. Und dann – ein anderes Geräusch.

Applaus.

Langsam. Unwirklich.

Der Applaus hallte nach. Hohl, wie durch ein riesiges altes Rohr geleitet. Koji stand regungslos vor der Spiegelwand, sein Atem dampfte in der Kälte des Tunnels. Es war niemand zu sehen, aber irgendetwas hatte sich verändert.

Er trat näher an einen der Spiegel. Kratzer. Alte Klebebandrückstände. Und dann sah er in der Ecke eine winzige Gravur, fast unsichtbar:

「白石萌」– Shiraishi Moe.

Er erinnerte sich. Die Künstlerin. Ihre letzte bekannte Ausstellung. Und nun dieser Name, hier, wie ein stilles Autogramm in einer Galerie, die niemand kannte.

Koji verließ die Tunnelanlage mit einem Gefühl, das er nicht einordnen konnte. Nicht Angst. Aber auch kein Trost. Nur ein Gefühl von … Öffnung.

Am nächsten Morgen war sein erster freier Tag seit Langem. Statt zur Arbeit ging er zur Stadtbibliothek in Nakano, wo es ein Archiv für Kunst und Subkultur Tokios gab. Ein Ort, den er sonst gemieden hätte – zu laut, zu jung, zu unverständlich.

Er fragte nach Shiraishi Moe. Die Archivarin – eine ältere Frau mit Silberhaar und messerscharfem Blick – nickte langsam.

„Die war mal Thema. Vor Jahren. Große Versprechen, dann ein Skandal. Untergetaucht. Ihr Name wurde irgendwann nur noch geflüstert."

„Warum ein Skandal?"

„Sie hat eine illegale Ausstellung organisiert. In einem aktiven Tunnel. Projektoren, Spiegel, Geräuschinstallationen. Sie nannte es ‚Gegenverkehr der Erinnerung'. Man sagt, jemand wurde verletzt."

„Gab es Besucherlisten? Teilnehmer?"
„Anonym. Immer. Die Szene war wie Rauch – sie war da, aber nie greifbar."

Die Archivarin reichte ihm ein einziges verblasstes Foto. Darauf eine schmale Frau, nicht älter als 30, mit langen Haaren, in einem schlichten Kimono – vor einer Wand aus Licht.

„Das war Moe. Immer so. Zwischen den Zeiten."

Koji betrachtete das Foto lange. Irgendetwas in ihrem Gesicht kam ihm bekannt vor – nicht wie Yuna, aber wie etwas, das Yuna berührt hatte.

Er fand sie schließlich – nicht über das Netz, nicht über Daten, sondern durch Beobachtung.

Im alten Teil von Shimokitazawa, hinter einem zerfallenden Theatersaal, war ein kleiner Laden mit dem Schriftzug 「光のしじま」 – „Die Stille des Lichts". Kein echtes Geschäft. Nur eine Eingangstür, immer verschlossen. Doch heute stand sie offen.

Innen: staubige Bücher, Diaprojektoren, analoge Lautsprecher.

Und sie – Moe.

Sie trug einen tiefgrünen Kimono, das Haar hochgesteckt, ihre Bewegungen fließend wie Wasser. Als sie Koji sah, sagte sie nicht „Wer sind Sie?" oder „Was wollen Sie?"
Sie sagte:

„Sie sind Yunas Vater."

Koji erstarrte.
„Wo ist sie?"

Moe sah ihn lange an, dann deutete sie auf ein altes Tonbandgerät.
„Sie hat Ihnen etwas hinterlassen. Aber um es zu hören, müssen Sie verstehen, was sie sah."

„Ich will nur wissen, ob sie lebt."

„Sie lebt. Aber nicht in der Richtung, in der Sie fahren."

Koji setzte sich. Der Raum roch nach Papier und Ozongeruch alter Technik.

Moe stellte das Tonband an. Und wieder war da Yunas Stimme:

„Wenn du das hier hörst, Papa, dann hast du begonnen, zu sehen. Ich war nie weg. Ich war nur woanders. In Räumen zwischen den Räumen. In Klängen, die man übersieht. RE:Vision ist kein Ort. Es ist eine Wahl."

Dann Stille. Und schließlich, leise:

„Fahr nicht einfach weiter. Steig aus."

Koji sah Moe an.
„Was heißt das?"

Sie antwortete nicht direkt. Stattdessen trat sie zum Fenster, sah hinaus in das diffuse Tageslicht.

„Sie wollte, dass Sie es selbst herausfinden. Nicht als Fahrer. Sondern als Mensch."

Nach dem Besuch bei Moe fühlte sich Tokio verändert an. Die Geräusche schienen schärfer. Die Farben seltsamer. Selbst die Menschen in der U-Bahn wirkten für Koji nicht mehr wie bloße Pendler – sondern wie Schattenfiguren, die in einem Stück mitspielten, dessen Handlung er gerade erst zu begreifen begann.

Er ging nicht direkt nach Hause. Stattdessen fuhr er zurück zu seiner alten Wohnung in Nerima – dort, wo Yuna aufgewachsen war, bevor sie ausgezogen war. Er hatte die Räume nie verändert. Alles war geblieben wie damals. Es war nicht Nostalgie. Eher Stillstand.

Er wusste, wo er suchen musste.

Oben im alten Schrank, in einer grünen Box mit einer zerkratzten Aufschrift: „YUN/21B"

Er nahm sie heraus, blies den Staub ab, öffnete sie.

Darin:
– ein Skizzenbuch mit losen Seiten
– ein paar Fotos
– und ein kleiner Umschlag mit zerknittertem Wachspapier, auf dem stand:
„Nur wenn du's wirklich wissen willst."

Koji öffnete das Skizzenbuch zuerst.

Die ersten Seiten waren harmlos. U-Bahn-Studien, Gesichter, Notizen zu Lichtverhältnissen in Tunneln. Doch dann kamen Seiten, die wirr wurden. Mehr Symbole. Kreise. Verschachtelte Augen. Linien, die sich zu Städten formten – aber keine Karten waren. Und Sätze wie:

„Jede Station hat zwei Seiten. Eine für die Masse. Eine für den Blick."
„Wiederholung ist Tarnung."
„RE:Vision ist der Loop, der bricht."

Dann waren mehrere Seiten herausgerissen. Mit rohen Kanten. Er blätterte weiter. Eine letzte, nicht entfernte Seite war voller Fragen, mit rot eingekreistem Satz:

„Was war 21:07 Uhr wirklich?"

Koji erinnerte sich: die Zeit, zu der er das erste Mal Yuna gesehen hatte – im Waggon, bei Kugayama.

War das ein Zufall?

Er öffnete nun den kleinen Umschlag. Darin war eine einzelne, stark zerknitterte Karte. Schwarzweiß. Kein Straßenname. Keine Hinweise. Nur eine Art Labyrinth – Tunnel, Räume, Kreise. Und in der Mitte: „Sektor 9. Eingang nur durch Spiegelung."

Auf der Rückseite stand:
„Du musst runter. Weiter als erlaubt."

Zwei Nächte später kehrte Koji zurück zum Tunnel bei Kugayama. Diesmal mit schwererem Licht, Werkzeug und dem Plan, tiefer vorzudringen. Er hatte herausgefunden, dass es unter dem Tunnel ein altes Wartungssystem gab – nie öffentlich zugänglich, nie in Betrieb genommen.

Der Zugang war verschweißt, aber alt. Nach einer Stunde Arbeit, mit Schweißhandschuhen und zitternden Händen, gab das Metall nach. Dahinter: eine rostige Wendeltreppe nach unten. Abwärts in den Bauch der Stadt.

Der Geruch war anders. Modrig. Metallisch.
Die Stufen quietschten.
Und unten: absolute Dunkelheit.

Bis auf ein schwaches, pulsierendes Licht – blau. Elektrisch. Unwirklich.

Er folgte dem Licht.

Die Gänge waren eng, mit alten Kabelkanälen und verblichenen Wartungsschildern. Dann: eine Öffnung. Und darin – ein riesiger, runder Raum.

An den Wänden: Projektoren. Spiegel. Lautsprecher.
Und mitten im Raum: ein leerer U-Bahn-Wagen. Alt. Still. Staubig.
Darauf: das Symbol. Das Auge. RE:Vision.

Und ein weiterer Zettel, auf dem stand:

„Steig ein, wenn du bereit bist, zuzuhören."

Koji trat einen Schritt näher.

Er wusste: Wenn er jetzt einstieg, war das kein Spiel mehr.
Keine Erinnerung.
Keine Suche.

Sondern Übergang.

Der Waggon war kalt. Staub hing in der Luft, als Koji die Tür aufzog.
Kein Graffiti. Keine Nummern. Nur das matte Licht der Projektoren, die
durch kleine Schlitze in der Decke fielen wie Scheinwerfer auf eine
Bühne, die niemand bespielt.

Als er einstieg, schloss sich die Tür hinter ihm – nicht gewaltsam, son-
dern wie von selbst, mit leiser Präzision. Der Zug war nicht an ein Schie-
nennetz angeschlossen. Und doch vibrierte der Boden leicht, so als
würde er ... warten.

Dann ertönte eine Stimme. Keine Durchsage. Kein Lautsprecher.

Yunas Stimme.

„Du erinnerst dich nicht an alles. Das ist okay. Erinnerungen sind wie
Bahnhöfe – manche steigen ein, andere steigen aus. Manche bleiben ein-
fach sitzen."

Der Waggon setzte sich in Bewegung. Ohne Motorengeräusch. Ohne
Wind. Nur ein sanftes Gleiten, wie in einem Traum.

Außerhalb der Fenster – nichts. Kein Tunnel. Kein Licht. Nur Dunkel-
heit. Oder besser: Abwesenheit.

Und dann: Bilder.

Nicht draußen. Sondern drinnen, auf den Fenstern. Wie Hologramme.
Koji sah sich selbst – als junger Mann, wie er neben Yunas Kinderbett

saß.
Er sah, wie er sich abwandte, als sie weinte.
Er sah das leere Frühstück, die stummen Abende.

Und dann:
Yuna – alleine, an einem Bahnsteig.
Yuna – mit einer Kamera, wie sie Schatten aufzeichnete.
Yuna – mit Moe, vor einer Wand aus Licht.

Der Waggon stoppte.

Eine neue Station – aber nicht echt.
Nur ein Raum, projiziert an die Wände. Ein Bahnsteig, auf dem keiner
wartete.
Eine Frau trat ein – Moe. Oder jemand, der ihr ähnelte. Sie trug diesmal
kein Kimono, sondern eine dunkle Jacke, mit dem RE:Vision-Auge auf
dem Rücken.

Sie setzte sich Koji gegenüber.

„Sie sind tiefer gegangen, als ich gedacht hätte", sagte sie.
„Was ist das hier?", fragte Koji.

Moe sah ihn ruhig an.
„Die andere Linie. Die, die durch Erinnerungen fährt. Nicht durch Stati-
onen."

„Warum zeigt sie mir das alles?"
„Weil Sie verstehen müssen, dass Yuna nicht verschwunden ist. Sie ist
weitergegangen. RE:Vision war nie eine Flucht. Es war ein Sprung. In
etwas, das mehr ist als diese Stadt."

Koji senkte den Blick.
„Ich war kein guter Vater."

Moe lächelte traurig.
„Doch. Nur zu spät."

Dann stand sie auf, trat zur Tür.
„Sie haben noch zwei Stationen. Danach müssen Sie sich entscheiden."
„Wofür?"
„Ob Sie wieder einsteigen. Oder bleiben."

Die Tür öffnete sich. Sie ging hinaus – und verschwand in Licht. Kein Tunnel. Kein Ausgang. Nur Licht.

Der Waggon setzte sich erneut in Bewegung.
Diesmal zeigten die Fenster nicht die Vergangenheit – sondern etwas anderes.

Ein Netzwerk. Straßen, die es nicht gab. Räume unter der Stadt. Stimmen, die nicht aufgezeichnet, sondern erinnert wurden.

Dann – Yuna.
Nicht als Projektion.
Als Echo.
Sie stand im Gang. Sah ihn an. Lächelte.

„Papa ... du musst nicht alles reparieren. Nur zuhören. Nur sehen."

Und dann war sie fort.

Der Zug stoppte ein letztes Mal.

Kein Ruck, kein Ton. Nur eine plötzliche Stille, die sich wie Watte um Kojis Körper legte. Die Tür öffnete sich.

Draußen: keine Station, keine Gleise. Sondern ein runder Raum, durchzogen von Lichtadern – als hätte jemand Sternenbahnen auf den Boden gezeichnet.

An der Decke: eine riesige Kameraoptik, langsam rotierend, wie eine Linse im Suchmodus.
Und in der Mitte des Raumes: ein alter Projektor, summend, bereit.

Koji trat vorsichtig hinaus. Seine Schritte klangen hohl, wie auf Glas. Der Projektor war auf einen kreisrunden Schirm ausgerichtet – dort, wo normalerweise Werbung oder Bahnhofsinformationen zu sehen wären. Doch hier: nur Dunkelheit.

Er sah sich um. Keine Menschen. Nur Schattenformen, eingefroren wie Standbilder. Ein Kind mit einem Schirm. Eine alte Frau, die auf einen Zug wartet. Ein Mann, der eine Kamera hält – er selbst?

Dann sprach wieder eine Stimme. Doch diesmal nicht Yuna.

„RE:Vision ist keine Bewegung. Es ist ein Apparat."
„Die Stadt ist voll von Momenten, die niemand mehr sieht."
„Aber jemand muss sie bewahren."

Auf dem Projektionsschirm erschien nun ein Bild: Koji mit Yuna, in einem Park. Lächelnd. Selten. Glücklich.

Dann ein Schnitt.
Er, alleine am Gleis.
Dann: Yuna, auf einem U-Bahn-Sitz, zeichnend.
Dann: ein Tunnel, geflutet mit Licht und Klang – der Spiegelraum.

Der Projektor klickte. Eine weitere Linse fuhr heraus – wie eine Kugelblende, langsam öffnend. Licht durchbrach den Raum.

Und dann erschien Yuna.

Nicht als Bild.
Nicht als Hologramm.
Sondern als sie selbst.

Sie stand im Licht, ruhig, klar. Ihre Kleidung war schlicht, ihre Augen lebendig.

„Papa …", sagte sie leise.
Koji trat einen Schritt näher.
„Bist du …?"

„Ja. Aber nicht so, wie du denkst. Ich bin nicht zurück. Ich bin hier. Und das reicht."

Er wollte etwas sagen, aber die Worte blieben stecken.
„Ich habe so vieles nicht verstanden …", sagte er schließlich.

„Du musst es nicht verstehen. Du musst nur erkennen, dass nicht alles verloren ist. Manche Dinge gehen nicht weg. Sie wechseln nur die Linie."

Sie reichte ihm etwas: einen kleinen Schlüssel.
„Er gehört zu einem Schrank im alten Kontrollraum an der Station Tsukishima. Dort findest du das letzte Band."

„Was ist darauf?"

„Mich. Und dich. Nicht so, wie es war – sondern so, wie es sein könnte."

Dann verblasste sie.
Langsam, wie ein Bild auf einem alten Fernsehschirm.
Zurück blieb nur Licht.

Der Projektor stoppte.
Die Kugelblende schloss sich.

Der Zug wartete wieder.
Ein letztes Mal.

Koji trat zurück hinein. Keine Fenster mehr. Keine Bilder.

Nur eine Entscheidung.

Der Waggon bewegte sich nicht mehr. Keine Geräusche. Kein Lichtwechsel. Nur Koji – allein im Inneren.

Aber etwas war anders.

Ein kaum sichtbares Schimmern zog sich entlang der Wand. Linien, wie Adern. Und darin – kleine, leuchtende Punkte. Als würde sich das U-Bahn-System plötzlich in seinen Nerven zeigen, nicht in Schienen. Kein Ort mehr, sondern ein Bewusstsein.

Koji erinnerte sich an den Schlüssel.
Tsukishima. Der alte Kontrollraum.

Er verließ den Zug. Und diesmal war da tatsächlich ein Bahnsteig. Echt. Alt. Staubig. Verlassen.
Kein Mensch. Kein Sicherheitslicht. Nur ein manuelles Schild:
「点検室」– „Wartungsraum"

Er folgte dem engen Gang, stieß eine schwere Eisentür auf. Drinnen: Geräte aus den 70ern, Röhrenmonitore, ein Bedienpult – tot.

Aber in der Ecke: ein kleiner Metallschrank.
Er passte der Schlüssel.

Drinnen lag ein einzelnes Magnetband.
Ein alter Recorder stand auf einem Tisch daneben.
Er zögerte – dann drückte er Play.

Stille.

Dann: eine Aufnahme.
Nicht Yuna.
Seine eigene Stimme.

„Manchmal glaube ich, dass ich mich selbst vergessen habe. Nicht nur sie. Sondern mich. Wer ich war. Wer ich hätte sein können."

Dann: Yunas Stimme, ruhiger, älter:

„Deshalb haben wir RE:Vision gebaut. Nicht, um zu entkommen. Sondern um zu erinnern. Es ist kein Archiv. Es ist ein Spiegel. Und du, Papa – du warst der letzte, der fehlte."

Koji schloss die Augen.
In ihm bewegte sich etwas. Kein Schmerz. Keine Reue. Sondern eine
Art... ruhige Klarheit.

Er öffnete sie wieder.

An der Wand des Raums erschien langsam ein neuer Schriftzug, wie
durch Hitze gezeichnet:
„Jeder fährt die Linie, die er braucht."

Dann löschte sich alles.

Zwei Wochen später.

Ein neuer U-Bahn-Fahrer saß auf Linie 7. Er war jung, aufmerksam, voller Fragen.
Koji war nicht mehr dort.

Manche sagen, er sei verschwunden.
Andere, er habe sich versetzen lassen.

Nur wenige wissen:
An einem versteckten Eingang in Kugayama liegt jetzt ein neuer Tunnelabschnitt. Nicht verzeichnet. Keine Nummer.

Wer ihn betritt, sieht manchmal Spiegel. Manchmal Klang. Manchmal
nur sich selbst.

Und manchmal... eine junge Frau in schlichtem Kleid, die zeichnet.
Oder einen Mann, der zuhört.

ZWEI

„ K Y O T O – D E R D U F T V O N P A P I E R "

Kyoto im Frühherbst war stiller als Tokio. Der Regen fiel langsamer, die Dächer hielten den Klang sanfter. In einem kleinen Haus nahe dem Tempel *Shoren-in*, zwischen Ahornbaum und alten Steinstufen, lebte Ichiro Tsukimoto.

Er war ein Kalligraf der alten Schule. Einer der Letzten.
Tinte aus Ruß, Pinsel aus Ziegenhaar, Papier aus Kozo-Fasern, das er selbst behandelte. Seine Werke fanden ihren Weg in Museen, Privatsammlungen – und gelegentlich in die Hände von Menschen, die mehr suchten als Kunst.

Ichiro sprach selten.
Er war über siebzig.
Sein Atelier bestand aus Licht, Stille und dem Geruch nach Papier.

Bis an einem Donnerstagmorgen ein leises Klopfen seine Gewohnheit durchbrach.

Als er öffnete, stand ein junges Mädchen vor ihm. Vielleicht sechzehn, mit glattem Pony, Stadtkleidung, einem alten Schulrucksack – und einer leichten Unruhe in den Augen.

„Sind Sie Herr Tsukimoto?"

Er nickte.

Sie verbeugte sich.

„Mein Name ist Hina. Ich bin aus Tokio gekommen. Ich glaube... Sie kannten meine Mutter."

Ichiro ließ sie schweigend eintreten. Sie setzte sich vorsichtig auf den Tatamiboden, die Hände auf dem Schoß, den Blick auf die Wandrollen gerichtet.

Er bereitete Tee. Stellte ihn vor sie, ohne zu sprechen.

Erst nach dem dritten Schluck sagte sie:
„Meine Mutter ist vor drei Monaten gestorben. Sie war Schriftstellerin. Vielleicht erinnern Sie sich nicht. Ihr Name war Aki Morisawa."

Ein stilles Nicken von Ichiro.
Lange Pause. Dann:

„Ich erinnere mich."

Sie zog etwas aus ihrer Tasche – eine Mappe, gebunden mit rotem Band.
„Ich habe etwas gefunden. In ihrem Nachlass. Ein Manuskript, das sie nie veröffentlicht hat."
Sie reichte es ihm.

Auf dem Einband stand in verblassener Tinte:
„Der Duft von Papier – für I."

Ichiro öffnete es. Blätterte langsam.
Es war kein Roman. Kein Bericht.

Es war eine Sammlung von Beobachtungen, Erinnerungen – über ihn. Über ihre Zeit in Kyoto, als sie jung war. Ihre Spaziergänge durch Gion, ihre Gespräche im Atelier. Ihre Liebe zur Kalligraphie. Und ihre Angst vor Vergänglichkeit.

„Ich wusste nicht, dass sie... so viel aufgeschrieben hat", flüsterte Ichiro.

Hina senkte den Blick.
„Sie hat nie über Sie gesprochen. Nur dieses Buch blieb."

Ichiro legte das Manuskript vorsichtig neben sich.
Dann:
„Warum bist du hier?"

Hina sah ihn direkt an.

„Weil ich wissen will, ob das alles wahr ist. Und ob ich… vielleicht ein Teil davon bin."

In den folgenden Tagen blieb Hina.
Sie schlief im Gästezimmer. Hilft beim Papierschöpfen, beim Sieben von Asche, beim Kochen.

Und sie begann zu fragen.

Nicht direkt.
Aber durch Beobachtung, durch die Lücken in Ichiros Tagesablauf.

Sie fand ein altes Foto, halb im Regal verborgen: Aki, jung, lachend – und Ichiro, damals noch mit schwarzem Haar. Zwischen ihnen: ein Buch mit leeren Seiten.

„War das 'euer' Buch?", fragte sie.
„Nein. Es war ihr Wunsch. Ich habe nie darin geschrieben."

„Warum nicht?"
„Ich war feige."

Hina nickte.
„Sie auch."

Eines Abends fand sie in einem verschlossenen Schubkasten ein dünnes Heft. Darauf: ein anderes Symbol – handgezeichnet, feine Linien, wie ein altes Exlibris-Signet.

Darunter stand in alter Kalligrafie:
„Shosei no Yoru" – „Nacht des Schreibenden Lebens"

„Was ist das?", fragte Hina.

Ichiro betrachtete es lange. Dann sagte er:
„Ein Buch, das nicht hierher gehört. Es ist in Fragmenten geschrieben.
Und es... sucht seine Leser."

„Hat meine Mutter das gekannt?"
Er schwieg. Dann:
„Ich glaube, sie hat es gefunden. Irgendwann, in den Jahren, bevor sie
dich bekam."

„Und dieses Zeichen... Ich hab's schon mal gesehen. In einem anderen
Zusammenhang."

Hina zog ihr Handy aus der Tasche, blätterte durch Fotos. Dann hielt sie
ihm eines hin:
Ein Graffiti, irgendwo in Shibuya. Dasselbe Symbol.
Darunter: „RE:Vision"

Ichiro lächelte schwach.
„Dann beginnt es wohl wieder."

Die Morgensonne fiel flach über das Papier, das Ichiro im Hof zum
Trocknen ausgelegt hatte. Jeder Bogen war leicht gewellt, durchsichtig
wie Haut, seidenmatt. Hina betrachtete sie mit ehrfürchtigem Schwei-
gen – als wären es keine Werkstücke, sondern Reliquien.

„Warum machst du das alles selbst?", fragte sie.
Ichiro legte gerade einen neuen Bogen auf das Holzgitter.
„Weil das Papier verstehen muss, wofür es geschrieben wird."
„Und du glaubst, das merkt es?"
„Es merkt, ob du ehrlich bist."

Hina sagte nichts mehr. Aber sie lächelte.

Im Atelier, später, legte sie das rätselhafte Heft wieder vor sich.
Shosei no Yoru. Nacht des Schreibenden Lebens.

Sie hatte einige Seiten gelesen. Manche waren leer. Andere voller feiner Kanji, in alter Schreibweise. Wieder andere wirkten wie Codes: kleine Quadrate, Ranken, Anmerkungen in einer fremden Handschrift.

Und immer wieder tauchte ein bestimmter Begriff auf:
"文の影" – *Bun no Kage*, der Schatten des Textes.

„Was ist dieser Schatten?", fragte sie unvermittelt.
Ichiro blickte von seinem Pinsel auf.

„Ein Konzept aus der Kalligraphie. Es bedeutet: das, was zwischen den Strichen lebt. Was du nicht schreibst, aber trotzdem bleibt."
„Wie die Dinge, die man verschweigt?"
„Oder die, für die es keine Worte gibt."

Sie hielt kurz inne. Dann:
„Meine Mutter schrieb oft über Dinge, die gar nicht passiert waren. Aber sie klangen… wahr."
Ichiro antwortete leise:
„Weil Wahrheit manchmal nicht in Fakten liegt. Sondern im Gewicht, das etwas in dir hinterlässt."

Am Abend saßen sie unter dem Ahornbaum, Tee in der Hand, eine leise Brise trug den Duft von nassem Stein und altem Holz.

„Hat sie dich wirklich geliebt?", fragte Hina ohne Umschweife.
Ichiro schwieg lange. Dann:
„Sie hat es versucht. So wie ich. Aber wir haben nicht zur selben Zeit dasselbe gebraucht."

Hina senkte den Blick.
„Sie war oft abwesend. Auch in Tokio. Sie hat geschrieben, aber nie für mich."

„Und trotzdem bist du hier."
„Weil ich wissen will, was sie suchte."

Ichiro stand auf, ging in sein Atelier, kehrte mit einer kleinen Holz-
schachtel zurück. Er öffnete sie. Darin: ein einzelner Brief.
Nicht geöffnet.
Die Tinte an den Rändern leicht verblasst.
Er reichte ihn ihr.
„Sie hat ihn mir geschickt. Vor acht Jahren. Ich habe ihn nie gelesen."

Hina zögerte. Dann nahm sie ihn vorsichtig.
Der Umschlag trug nur zwei Worte:
„Wenn es still wird."

Später, in ihrem Zimmer, öffnete sie ihn.

**„Ichiro,

Wenn du das liest, ist es vielleicht spät. Oder genau richtig. Ich habe nie
gelernt, zwischen Worten und Leben zu unterscheiden. Ich wollte so
sehr etwas Bleibendes schreiben, dass ich nicht bemerkte, was bereits
geblieben war.

Du hast mir das Schreiben nicht beigebracht. Du hast mich gelehrt, was
Leere ist. Was Stille tragen kann. Vielleicht habe ich Hina deshalb so ge-
nannt. Sanftes Licht. Ein Zwischenraum.

Wenn sie dich irgendwann findet – sprich mit ihr. Nicht über mich.
Über dich. Denn was sie sucht, ist nicht Vergangenheit.

Sondern Wahrheit.

– Aki."**

Hina faltete den Brief langsam zusammen.

Sie weinte nicht.

Aber sie spürte zum ersten Mal seit Jahren, dass etwas zu ihr gespro-
chen hatte. Ohne Lärm. Ohne Pflicht.
Nur mit dem sanften, alten Duft von Papier.

Hina saß im Atelier, während Ichiro draußen den Garten kehrte. Die Pinsel lagen ordentlich neben dem Tuschestein, daneben ein Stapel frischer, unbeschriebener Papiere. Sie berührte eines davon mit den Fingerspitzen – hauchdünn, fast durchsichtig.

Sie hatte die letzten Tage viel gelesen. Nicht nur im alten Heft „*Shosei no Yoru*", sondern auch in Akis Fragmenten.
Etwas begann, sich in ihr zu verbinden. Kein Wissen.
Etwas anderes.
Etwas wie… Landschaft.

Sie nahm einen Pinsel.

Sie wusste nicht, warum. Aber sie setzte ihn an – zögerlich, ungeschult – und begann zu schreiben. Nicht in Kanji. Nicht in Hiragana.
Nur Linien.
Kombinationen aus Symbolen, Mustern, Schatten.

Nicht Sprache – eher Rhythmus.

Als Ichiro zurückkam, betrachtete er das Blatt.
Dann nahm er einen zweiten Pinsel, setzte sich ihr gegenüber – und antwortete.

Ohne Worte.

So begann es.

Eine Woche lang schrieben sie sich jeden Tag ohne Sprache. Pinselzüge, die wie kleine Kartographien wirkten. Echos. Muster. Wiederholungen.
Manchmal lachten sie, ohne zu wissen warum.
Manchmal entstand eine Stille, die nicht leer war.

Eines Tages – an einem bewölkten Nachmittag – schrieb Ichiro etwas anderes.
Er zog ein einzelnes, perfektes Zeichen in die Mitte des Blattes:

"返" – *kaesu*, „zurückgeben".

Hina verstand sofort.
„Du meinst… Sie wollte mir etwas zurückgeben?"
„Vielleicht. Oder du gibst ihr etwas zurück. Die Frage ist nur: Was?"

Am Abend, als Ichiro schlief, durchsuchte Hina noch einmal das *Shosei no Yoru*-Heft. Sie war bis zu einer Seite vorgedrungen, die sich wie ausgetauscht anfühlte – anders als der Rest. Die Schrift darauf war fremder, nicht japanisch.

Englisch.

Kalligraphisch geschrieben:

"The ninth voice speaks only when all other stories have fallen silent."

Und darunter, klein:
„Entry Point: The Forgotten Bookstore, Kanda."

Hina starrte die Zeilen lange an.
Dann holte sie ihr Handy hervor, öffnete die Notizen-App – und schrieb zum ersten Mal seit Jahren nicht für Schule, nicht für Likes, nicht für irgendwen.

Nur für sich:

„Was, wenn Bücher Türen sind?
Und Tinte nicht schreibt, sondern weckt?

Meine Mutter hat nicht nur erzählt.
Sie hat mir etwas dagelassen. Nicht als Erbe. Sondern als Richtung."

Sie legte das Handy zur Seite.

Und in diesem Moment – glaubte sie für den Bruchteil einer Sekunde – den Duft von ihrer Mutter zu riechen. Jasmin und Ruß.

Am nächsten Morgen:

Ichiro stand am Gartentor, als sie mit gepackter Tasche heraustrat.

„Ich gehe nach Tokio zurück", sagte sie.
Er nickte.
„Ich weiß."
„Aber ich komme wieder."
„Nein", sagte er sanft.
„Du wirst nicht zurückkommen. Du wirst… weitergehen."

Sie umarmte ihn zum ersten Mal.
Dann stieg sie in den Bus, der sie zum Bahnhof brachte.

Als sie ging, begann es leicht zu regnen.

Aber das Papier im Atelier blieb trocken.

Tokio empfing Hina mit seinem unaufhörlichen Rauschen. Straßenlater-
nen blinkten durch den Nieselregen, die Luft roch nach Asphalt und al-
tem Papier. Das Geräusch von Regenschirmen und entfernten Stimmen
mischte sich mit dem Klang ihrer Schritte.

Sie hielt das Heft *Shosei no Yoru* fest in der Hand, das kleine Zeichen für
"Entry Point: The Forgotten Bookstore, Kanda" ließ ihr keine Ruhe.

Sie lief durch enge Gassen, vorbei an leuchtenden Werbetafeln und win-
zigen Cafés. Schließlich stand sie vor einem unscheinbaren Eingang,
halb versteckt zwischen zwei Ladenfronten – ein Holzschild hing schief:
「忘れられた書店」 – „Die vergessene Buchhandlung"

Die Tür war alt, aus dunklem Holz, mit Messinggriffen, die warm glänz-
ten. Hina schob sie auf.

Drinnen roch es nach Staub, Leder und Tinte. Bücherstapel türmten sich
bis zur Decke, schmale Gänge zogen sich wie Labyrinthe durch den
Raum.

„Kann ich helfen?"

Eine Stimme, tief und ruhig. Ein Mann in den Vierzigern trat aus dem Halbdunkel hervor. Er trug eine Brille mit dünnem Rahmen und einen grauen Cardigan.

„Ich suche ein Buch", sagte Hina.
„Welches?"
„Es heißt *Shosei no Yoru*. Oder... vielleicht ein Fragment davon."

Der Mann nickte wissend.
„Nicht viele kennen es. Es ist mehr ein Mythos. Ein Stück verlorener Geschichte."
„Warum?"
„Weil es die Grenzen zwischen Geschichten verwischt."

Er führte sie zu einem kleinen Tisch, auf dem einige vergilbte Blätter lagen – darauf das gleiche Symbol, das sie aus Kyoto kannte: das filigrane Exlibris.

„Das hier wurde vor Jahrzehnten gefunden. In Kyoto, vermutet man. Es ist Teil eines größeren Puzzles."

Hina hörte gebannt zu.
„Und... was hat das mit RE:Vision zu tun?"

Der Mann schmunzelte.
„Ah, du kennst die Legende. Ein Netzwerk aus Erzählungen, die nicht nur Orte, sondern Zeit und Bewusstsein verbinden. Du bist nicht die Erste, die danach sucht."

Er reichte ihr eine kleine Karte. Darauf standen Koordinaten – ein alter Buchladen im Stadtteil Kagurazaka.

„Dort findest du vielleicht Antworten. Oder mehr Fragen."

Draußen hatte der Regen aufgehört.
Hina steckte die Karte ein und blickte zum Himmel, wo die ersten Sterne durchbrachen.

In der Ferne leuchtete ein Neonzeichen:
RE:Vision

Ein Schauer lief ihr über den Rücken.

Die Straßen von Kagurazaka waren eng und verwinkelt, ein Labyrinth aus Kopfsteinpflaster und traditionellen Häusern, das zugleich die Moderne Tokios umarmte. Hina spürte, wie der Stadtlärm allmählich verblasste, je näher sie der Buchhandlung kam.

Das kleine Geschäft war unauffällig, mit einem verblassten Schild über der Tür, das in verblassten goldenen Lettern 「記憶の書店」 – „Buchhandlung der Erinnerungen" – verkündete.

Sie trat ein.

Der Geruch von altem Papier, Leder und Staub umfing sie sofort. Regale voller Bücher reichten bis zur Decke, dazwischen schmale Gänge, gedämpftes Licht, das von kleinen Lampen an den Wänden ausging.

Ein älterer Mann hinter dem Tresen hob den Blick und lächelte leise.

„Du bist Hina, nicht wahr?"
Hina erstarrte kurz.
„Wie kennen Sie meinen Namen?"
„Wir kennen uns nicht, aber dein Name steht in den Büchern, die hier selten sind. Du suchst das Fragment des Buches, das niemand zu finden vermag."

Er deutete auf einen alten Tisch, auf dem ein einzelnes Buch lag. Es war in Leder gebunden, mit einem verblichenen roten Faden umwickelt.

„Dies ist ein Teil von ‚Shosei no Yoru'. Ein Fragment, das nie veröffentlicht wurde."

Hina öffnete das Buch vorsichtig. Darin waren Texte, Notizen und Zeichnungen, die sie aus dem Manuskript ihrer Mutter und dem Heft aus Kyoto wiedererkannte – verbunden mit kryptischen Hinweisen.

„Warum ist dieses Buch so wichtig?" fragte sie.
„Weil es mehr ist als ein Buch. Es ist ein Schlüssel. Und jeder Schlüssel öffnet Türen, die nicht immer sichtbar sind."

Der Mann blickte aus dem Fenster.
„Wenn du wirklich wissen willst, was deine Mutter suchte, musst du verstehen, dass die Grenzen zwischen Erinnerung und Realität dünner sind, als du denkst."

Hina fühlte, wie eine kalte Brise durch den Laden strich, obwohl das Fenster geschlossen war.

„Was soll ich tun?"
„Finde den neunten Eintrag. Dort beginnt die Wahrheit."
Er reichte ihr eine kleine Notiz, auf der eine Adresse und ein Datum standen.

Hina steckte die Notiz in ihre Tasche, dankte dem Mann und verließ die Buchhandlung mit einem mulmigen Gefühl – als ob sie einen Pfad betreten hätte, von dem es kein Zurück gab.

Die Luft war schwer an diesem späten Nachmittag, als Hina sich auf den Weg zu der Adresse machte, die ihr der Buchhändler in Kagurazaka gegeben hatte. Es war ein altes Wohnhaus in einem ruhigen Viertel Tokios, umgeben von Kirschbäumen, die bereits die ersten Blätter verloren hatten.

Sie spürte, wie ihr Herz schneller schlug. Was sie gleich finden würde, konnte ihr Leben verändern – oder zerstören.

Vor der Tür stand ein kleines Schild, kaum sichtbar:
「九番目の声」–„Die neunte Stimme".

Hina atmete tief durch und klingelte.

Die Tür öffnete sich langsam, und eine Frau mittleren Alters mit sanftem Lächeln blickte sie an.

„Du musst Hina sein", sagte sie leise.
„Komm herein. Wir haben auf dich gewartet."

Im Inneren war die Wohnung eine Mischung aus altem Japan und moderner Einfachheit. Bücher stapelten sich in Regalen, auf Tischen lagen Pinsel und Papier, und an der Wand hing eine große Leinwand mit kalligraphischen Linien – unvollendet und doch lebendig.

Die Frau führte Hina zu einem Tisch, auf dem ein dicker, alter Ordner lag.
„Das ist das Archiv der neunten Stimme", erklärte sie. „Hier sammeln wir alles, was mit ‚Shosei no Yoru' zu tun hat. Fragmente, Notizen, Gedankenfetzen."

Hina blätterte vorsichtig durch die Seiten, bis sie auf einen Eintrag stieß, der sich von den anderen abhob.
Der Text war eine Mischung aus Prosa und Gedicht, begleitet von einem Bild – einer gezeichneten Landschaft, die verschwommen zwischen Realität und Traum schwebte.

Darunter stand eine Notiz in verblasster Tinte:
„Wenn alle anderen Geschichten schweigen, spricht die neunte Stimme. Sie trägt die Wahrheit, die zwischen den Zeilen verborgen liegt."

Die Frau setzte sich neben sie.
„Deine Mutter glaubte, dass wir in einer Welt leben, in der Geschichten nicht nur erzählt, sondern erlebt werden. ‚Shosei no Yoru' ist mehr als ein Buch. Es ist ein lebendiges Geflecht aus Erinnerungen, Emotionen und Möglichkeiten."

Hina fühlte, wie sich ihr Kopf drehte.
„Aber warum all das? Warum diese Geheimnisse?"

„Weil manche Wahrheiten zu stark sind, um sie offen zu zeigen", antwortete die Frau.
„Sie müssen gefiltert, entschlüsselt werden. Und nur die, die bereit sind, können sie finden."

Plötzlich fiel ihr Blick auf ein kleines, verstaubtes Kästchen in der Ecke. Neugierig öffnete sie es. Darin lag ein weiterer Brief, adressiert an sie – in der Handschrift ihrer Mutter.

Mit zitternden Händen entfaltete sie das Papier.

**„Hina,

Wenn du das liest, bist du auf einem Weg, der auch für mich neu war. Das Buch, das du suchst, ist kein gewöhnliches Buch. Es lebt von den Stimmen, die wir geben. Von den Momenten, die wir festhalten – und denen, die wir loslassen.

Du wirst Dinge entdecken, die ich nicht erklären konnte. Doch vertraue darauf: Jede Geschichte, auch die deine, ist wichtig.

Folge der neunten Stimme. Sie wird dich führen.

Mit Liebe,
Aki."**

Hina schloss die Augen. Die Worte hallten in ihr nach – eine Brücke zwischen Vergangenheit und Zukunft, zwischen Verlust und Hoffnung.

Sie wusste, dass ihre Reise erst begonnen hatte.

Der Abend war hereingebrochen, als Hina zurückkehrte in ihr kleines Zimmer in Tokio. Der Brief ihrer Mutter lag geöffnet auf dem Tisch, daneben das *Shosei no Yoru* – das mysteriöse Buch, dessen Seiten sie wie ein kostbares Geheimnis umarmte.

Ihr Herz pochte unruhig. Sie spürte die Schwere und zugleich die Sanftheit all der Stimmen, die in diesem Buch lebten. Stimmen, die erzählten von Liebe und Verlust, von Wahrheit und Schweigen.

Hina setzte sich an den kleinen Schreibtisch, öffnete das Buch auf einer Seite, die in den letzten Tagen immer wieder ihre Aufmerksamkeit

gefangen hatte. Dort stand das Zeichen für den Schatten des Textes: 文
の影 – Bun no Kage.

Sie atmete tief ein. Dieses „Schatten" war nicht nur eine Metapher. Es
war der Raum zwischen den Worten, die Stille, die lebendig wurde,
wenn man sie mit dem Herzen hörte.

Mit einem feinen Pinsel begann sie zu schreiben. Nicht nur Worte, son-
dern Linien, die zwischen den Zeilen tanzten – die Schatten, die Erinne-
rungen, die nicht ausgesprochen wurden, aber spürbar waren.

Sie schrieb für ihre Mutter. Für Ichiro. Für sich selbst. Für alle, die die
neunte Stimme hören konnten – jene, die verstanden, dass Geschichten
mehr sind als Buchstaben auf Papier.

Plötzlich klopfte es an der Tür.

Es war Ichiro.

Er trat ein, sein Blick ruhig und warm. In der Hand hielt er ein kleines
Paket, in schlichtem Papier eingewickelt.

„Ich glaube, das gehört dir", sagte er und reichte es ihr.

Hina öffnete es vorsichtig. Darin lag ein altes, handgebundenes
Exemplar von *Shosei no Yoru* – die Originalausgabe, die Aki einst ge-
schrieben hatte, doch nie veröffentlicht wurde.

„Es ist die Brücke zwischen gestern und morgen", flüsterte Ichiro.
„Jetzt bist du die Hüterin."

Sie sah ihn an, ein Gefühl von Frieden breitete sich in ihr aus.
Die Schatten des Papiers hatten sie verbunden – Vergangenheit und Ge-
genwart, Schweigen und Stimme.

„Danke", sagte sie leise.
„Für alles."

Die neunte Stimme sprach nun klar und stark.

Nicht in Worten, sondern im Herzschlag des Papiers, im Duft von Tinte und Erinnerungen.

Und Hina wusste: Ihre Geschichte hatte gerade erst begonnen.

DREI

„OSAKA – NEONLICHTER UND VERLORENE ERINNERUNGEN"

Die Nacht hatte Osaka fest im Griff. Neonlichter warfen ihr schillerndes Leuchten auf die glatten Pflastersteine der Straßen, die vom Regen der letzten Stunde noch feucht glänzten. Aus kleinen Garküchen stieg der verführerische Duft von Takoyaki und Okonomiyaki in die Luft, mischte sich mit dem Aroma von nassem Asphalt und warmem Holz.

Miyu stand am Fenster ihres kleinen Apartments im lebhaften Viertel Namba. Die dünnen Vorhänge bewegten sich leicht im sanften Wind, während draußen die Stadt niemals zu schlafen schien. Menschen eilten mit Regenschirmen durch die Gassen, Stimmen hallten von den Wänden wider, das Klirren von Besteck, das Lachen von Freunden und das gelegentliche Rattern einer nahen Bahn verschmolzen zu einem vielstimmigen Klangteppich.

Doch für Miyu war diese bunte Welt weit entfernt.

Seit dem Unfall vor einem Monat war ihre Erinnerung wie zerrissen, Fragmente eines zerbrochenen Spiegels. Ihr Kopf war ein leerer Raum, in dem nur verschwommene Schatten von Gesichtern und Orten umherirrten. Sie wusste nicht, wie sie hierher gekommen war, oder was für ein Leben sie zuvor geführt hatte. Das Einzige, was ihr blieb, war das Gefühl von Verlust – schwer und unergründlich.

Sie drehte sich vom Fenster weg und setzte sich auf die alte Holzbank in der Ecke des Zimmers. Ihre Finger tasteten nach dem kleinen Stoffbeutel, den sie immer bei sich trug – ein Geschenk, das sie nicht zuordnen konnte, aber das sie nicht loslassen wollte.

Plötzlich vibrierte ihr Handy auf dem Tisch. Miyu griff hastig danach, ihr Herz schlug schneller.

Die Nachricht war kurz und rätselhaft:

„Treff mich heute Abend im Café ‚Echo'. Es geht um deine Vergangenheit."

Darunter stand ein Name, den sie kaum auszusprechen wagte: Kaito.

Ein Schauder lief ihr über den Rücken. Wer war dieser Kaito? Warum rührte er an einer Vergangenheit, die Miyu lieber vergessen wollte? Und war sie wirklich bereit, die Tür zu öffnen, die tief in ihr verborgen lag?

Sie nahm den Beutel, legte das Handy hinein und schloss die Augen.

Der Klang der Stadt draußen drang gedämpft durch die Fenster – lebendig, fremd und doch vertraut. Und irgendwo darin verbarg sich die Antwort auf ihre Fragen.

Die Stunden bis zum Abend zogen sich für Miyu wie in Zeitlupe. Jeder Moment war durchdrungen von einer stillen Unruhe, als würde ihr Herz nach Antworten suchen, die ihr Verstand nicht greifen konnte.

Das kleine Apartment war nur spärlich eingerichtet: ein niedriger Holztisch, ein paar Regale mit zerlesenen Büchern, und in der Ecke ein alter, zerknitterter Sessel. Auf dem Boden lag ein futonartiges Bett, das sie kaum nutzte, denn Schlaf war seit dem Unfall eine flüchtige Erscheinung.

Miyu griff wieder nach dem Stoffbeutel. Darin lag ein schmaler, handgeschriebener Zettel, den sie vor einigen Tagen in ihrer Tasche gefunden hatte. Die Schrift war verwischt, doch sie konnte gerade noch lesen:

„Erinnere dich an den Klang des Regens. Dort findest du die Wahrheit."

Sie faltete den Zettel zusammen und schaute aus dem Fenster. Draußen begann es erneut zu regnen. Sanfte Tropfen trommelten gegen das Glas, und plötzlich erinnerte sie sich an ein Geräusch – das rhythmische Prasseln, das ihr als Kind immer Trost gespendet hatte.

Doch dann wurde die Erinnerung unscharf, verschwand in einem Nebel aus Schatten.

Am frühen Abend machte sich Miyu auf den Weg zum Café „Echo". Es lag in einer Seitenstraße, kaum beleuchtet, mit großen Fenstern, durch die warmes Licht und leise Jazzmusik entströmten. Die Tür stand offen, als wolle sie Besucher willkommen heißen.

Sie trat ein.

Das Innere war gemütlich, mit dunklem Holz, Bücherregalen und kleinen Tischen, die mit Kerzenlicht schummrig erhellt wurden. Hinter der Theke stand ein junger Mann mit einem offenen Lächeln – Kaito.

„Miyu," sagte er sanft und nickte ihr zu.

Sie setzte sich ihm gegenüber, ihr Herz schlug wild.

„Ich weiß, es ist viel auf einmal," begann Kaito, während er zwei dampfende Tassen Tee auf den Tisch stellte. „Aber ich bin hier, um dir zu helfen, das Puzzle zusammenzusetzen."

Er erzählte von einem Unfall, der nicht nur ihren Körper, sondern auch ihre Erinnerungen zerschmettert hatte. Von Freunden, die sich Sorgen machten. Von einer Familie, die sie suchte.

Doch das Wichtigste war etwas anderes: Miyu hatte vor dem Unfall an einem besonderen Projekt gearbeitet — einem Buch, das die Grenze zwischen Realität und Erinnerung verwischte.

„Deine Mutter war eine Kalligrafin, richtig?" fragte Kaito leise. „Und sie hat dir ein Fragment dieses Buchs hinterlassen. Es trägt die Kraft, verlorene Erinnerungen zurückzubringen."

Miyu schloss die Augen und spürte, wie etwas in ihr aufbrach – eine Sehnsucht, die lange in der Dunkelheit geschlummert hatte.

Als sie das Café verließ, war der Regen stärker geworden. Tropfen fielen auf ihr Gesicht, kühl und klar. Und plötzlich spürte Miyu eine leise Gewissheit:

Die Vergangenheit konnte sie nicht für immer verstecken.

Der Regen prasselte weiter unaufhörlich auf die Dächer von Osaka, als Miyu in ihr Apartment zurückkehrte. Die Stadt wirkte draußen wie in einen grauen Schleier gehüllt, die Neonlichter verschwommen im nassen Schein. Drinnen war es still – fast zu still für jemanden, dessen Gedanken wie ein Sturm tobten.

Miyu schloss die Tür hinter sich und lehnte sich schwer dagegen. Ihre Finger umklammerten das kleine Buch, das sie heute Abend im Café zum ersten Mal wieder aufgeschlagen hatte. Es war ein handgebundenes, zerfleddertes Heft mit Pergamentseiten, auf denen flüchtige Schriftzeichen in schwarzer Tinte standen – einige kaum mehr lesbar, andere kunstvoll kalligraphiert.

Sie erinnerte sich daran, wie ihre Mutter sie einst mit der Bedeutung dieser Zeichen vertraut gemacht hatte. Sie hatte gesagt, jede Linie sei wie ein Atemzug, jede Kurve wie ein Herzschlag. Und jetzt lagen diese Worte wie Puzzlestücke vor ihr, warteten darauf, zusammengesetzt zu werden.

Miyu setzte sich auf den Boden, die Knie an die Brust gezogen, und begann, das Heft vorsichtig aufzuschlagen. Seite um Seite enthüllte sich ein Fragment ihrer Vergangenheit – Bilder, Gedanken, Geschichten, die sie verloren glaubte.

Ein Gedicht stand besonders oft wiederholt dazwischen, fast wie ein Mantra:

„Im Schatten des vergessenen Regens
flüstert die Wahrheit leise,
verborgen im Klang des Herzens."

Ihre Finger strichen über die Worte, und plötzlich spürte sie eine Welle
von Emotionen – Traurigkeit, Hoffnung, Sehnsucht – als ob die Tinte
selbst lebendig wurde und ihre Seele berührte.

Das Telefon klingelte abrupt und riss sie aus ihren Gedanken. Es war
Kaito.

„Miyu," sagte seine Stimme, „es gibt jemanden, der dir helfen kann. Je-
mand, der deine Mutter kannte."

Miyu zögerte nur einen Moment, dann nickte, obwohl er sie nicht sehen
konnte. Vielleicht war es Zeit, sich der Wahrheit zu stellen – trotz der
Angst, die tief in ihr schlummerte.

Am nächsten Tag trafen sie sich in einem kleinen Teegarten, versteckt
zwischen den Hochhäusern Osakas. Die Luft roch nach frischem Grün
und feuchtem Moos, und die Welt schien für einen Moment stillzu-
stehen.

Dort wartete eine ältere Frau mit sanften Augen – Akiko, eine frühere
Freundin von Miyus Mutter. Sie begrüßte Miyu mit einer Umarmung,
als hätte sie auf sie gewartet.

„Deine Mutter war eine Künstlerin des Lebens," sagte Akiko leise. „Sie
hat versucht, das Unsichtbare sichtbar zu machen – Erinnerungen, die in
Tinte und Papier eingeschlossen sind."

Akiko überreichte Miyu ein kleines Kästchen aus lackiertem Holz. Darin
lag ein weiterer Brief, sorgfältig gefaltet.

Miyu entfaltete den Brief und begann zu lesen:

„Meine liebe Miyu,
wenn du diese Zeilen liest, bist du schon auf einer Reise, die ich selbst

nie zu Ende bringen konnte. Das Buch, das du hältst, ist mehr als Papier und Tinte. Es ist ein Schlüssel – zu deiner Vergangenheit, zu unserer Geschichte, zu allem, was wir verloren haben.
Fürchte dich nicht vor den Schatten, denn sie sind Teil des Lichts.
Deine Mutter."

Die Sonne begann zu sinken, und Miyu fühlte, wie sich in ihr ein neuer Funken regte. Die Schatten der verlorenen Tage waren nicht länger Feinde – sie waren Pforten zu der Wahrheit, die sie suchte.

Am nächsten Morgen erwachte Miyu mit einem Gefühl, das sie lange nicht mehr gespürt hatte: Hoffnung. Draußen war der Himmel noch grau, doch in ihrem Herzen begann ein Licht zu wachsen, das die Dunkelheit der letzten Wochen allmählich vertrieb.

Sie griff nach dem kleinen Kästchen mit dem Brief ihrer Mutter und öffnete es vorsichtig. Darin lag ein weiterer Gegenstand – ein handgefertigtes Lesezeichen aus dünnem, transparentem Papier, filigran bemalt mit zarten Kirschblüten und Kalligrafiezeichen. Es roch leicht nach Tinte und Holzrauch.

Akikos Worte hallten in ihrem Kopf nach: „Das Buch ist ein Schlüssel – zu deiner Vergangenheit, zu allem, was wir verloren haben."

Miyu nahm das Lesezeichen zwischen die Finger und spürte, wie sich die Linien der Kalligrafie sanft unter ihrer Haut zu bewegen schienen. Es war, als würde das Papier selbst flüstern – eine Einladung, einen verborgenen Pfad zu betreten.

Sie entschied sich, das Heft und das Lesezeichen mit sich zu nehmen und sich erneut auf die Suche zu machen – diesmal tiefer in die Geheimnisse, die ihre Mutter hinterlassen hatte.

Auf dem Weg durch die geschäftigen Straßen Osakas fiel Miyus Blick auf eine kleine Buchhandlung, deren Eingang von unzähligen Pflanzen umrankt war. Über der Tür hing ein Schild mit verblassten goldenen Lettern: „Furuhon Ichiba" – der Markt der alten Bücher.

Das Geschäft wirkte wie aus einer anderen Zeit, und Miyu spürte eine merkwürdige Vertrautheit, als sie eintrat.

Innen duftete es nach altem Papier und Leder, und zwischen hohen Regalen aus dunklem Holz standen unzählige Bücher, die Geschichten aus Jahrhunderten in sich trugen. Hinter der Theke saß ein älterer Mann mit einem langen weißen Bart, der sie aufmerksam musterte.

„Suchst du etwas Bestimmtes, junge Frau?" fragte er mit sanfter Stimme.

Miyu zeigte ihm das Lesezeichen und das Heft. „Meine Mutter hat mir das gegeben. Ich glaube, es gibt hier jemanden, der mir helfen kann, die Geschichte dahinter zu verstehen."

Der Mann nickte wissend. „Ah, das Buch des verlorenen Regens… ein seltenes Werk, das viel mehr ist als nur Papier und Tinte. Es verbindet Zeiten und Menschen, die man sonst nie begegnen würde."

Er führte sie zu einem versteckten Regal, wo ein dickes, in Leder gebundenes Buch lag. „Vielleicht findest du hier Antworten."

Miyu nahm das Buch vorsichtig heraus und schlug es auf. Die Seiten waren voll mit alten Schriftzeichen, Zeichnungen und Anmerkungen in mehreren Handschriften. Manche Abschnitte waren auf Japanisch, andere in vergessenen Schriftarten – eine Mischung aus Geheimnissen, die nur darauf warteten, entschlüsselt zu werden.

„Wer hat dieses Buch geschrieben?" fragte Miyu.

Der Buchhändler lächelte geheimnisvoll. „Das ist die große Frage. Viele haben versucht, das Geheimnis zu lüften. Manche sagen, es sei ein Werk, das von mehreren Händen über Generationen hinweg geschrieben wurde. Ein lebendiges Archiv der Erinnerungen."

Miyu fühlte, wie sich eine neue Welt vor ihr auftat – voller Rätsel und Verbindungen.

Als sie das Buch zurücklegte, bemerkte sie ein kleines Zettelchen, das zwischen den Seiten steckte. Darauf stand in feiner Schrift:

„Folge dem Klang des Regens – und du findest den Schlüssel zu dir selbst."

Draußen hatte der Regen aufgehört, und ein schmaler Lichtstreifen fiel durch das Schaufenster auf das Buch.

Miyu atmete tief ein. Ihr Weg war noch lang, aber sie war bereit.

Die Tage danach verbrachte Miyu mit Lesen, Schreiben, Zeichnen. Sie begann, Kalligraphie zu lernen – in einer kleinen Werkstatt nahe des Sumiyoshi-Taisha-Schreins. Die Lehrerin, eine alte Bekannte ihrer Mutter namens Yuki-san, war streng, aber geduldig. Ihre Finger lernten langsam, sich dem Pinsel hinzugeben. Jeder Strich wurde ein Schritt auf dem Weg zurück zu sich selbst.

Zwischendurch traf sie sich regelmäßig mit Kaito. Sie saßen in kleinen Cafés, gingen durch Parks, sprachen über alte Filme, Musik, verlorene Erinnerungen. Miyu begann, sich in seiner Nähe sicher zu fühlen. Nicht, weil er Antworten hatte – sondern weil er bereit war, die Fragen mit ihr auszuhalten.

Eines Tages entdeckte sie ein altes Tonband in einer vergessenen Schublade des Schranks in ihrem Apartment. Auf dem Etikett stand mit schwacher Tinte: „Shigure – März '03". Sie zögerte, legte es schließlich aber in den kleinen Kassettenrekorder, den sie zuvor im Antiquariat gekauft hatte.

Eine Stimme erklang – klar, ruhig, weiblich. Ihre Mutter.

Sie sprach über den Regen, über das Vergessen, über die Notwendigkeit, mit leeren Händen beginnen zu können. Dann las sie ein Gedicht vor. Miyu hörte es zweimal. Beim dritten Mal sprach sie mit – lautlos. Ihre Lippen formten die Worte, noch bevor die Stimme sie sprach.

Etwas hatte sich geöffnet. Nicht mit einem Knall, sondern leise – wie ein Fenster, das man erst gar nicht bemerkt, und dann spürt man plötzlich den Wind.

Der nächste Abschnitt ihrer Reise führte Miyu nach Kyoto. Hayashi, der Dichter von der Lesung, hatte ihr eine Adresse gegeben – einen Ort, den ihre Mutter oft besucht hatte, eine Art Rückzugsraum, an dem sie „die Linien zwischen Vergangenheit und Gegenwart gezeichnet" hatte.

Der Zug nach Kyoto war ruhig. Die Landschaft zog wie ein Aquarell an ihr vorbei: sattgrüne Hügel, Felder in herbstlichem Gold, Bambuswälder. Kaito begleitete sie erneut – schweigend, aufmerksam.

Als sie ankamen, wirkte Kyoto wie eine andere Welt. Ruhiger als Osaka, traditionsbewusster, in seinem Rhythmus fast andächtig. Miyu fühlte sofort eine tiefere Verbindung. Ihre Mutter hatte hier studiert, hier geliebt, hier wohl auch gelitten.

Die Adresse führte sie in ein abgelegenes Viertel am Stadtrand. Zwischen zwei Tempelmauern öffnete sich ein schmaler Weg. Moos bedeckte die Steine, Ahornblätter tanzten im Wind.

Am Ende lag ein kleiner Pavillon aus dunklem Holz, umgeben von einem verwilderten Garten. Eine Glocke über der Tür klingelte zart, als sie eintrat.

Der Raum roch nach Tinte und altem Holz. An den Wänden hingen Kalligraphien – keine Dekoration, sondern Botschaften. In der Mitte des Raumes stand ein niedriger Tisch, darauf ein Tintenstein, ein Pinsel, und ein aufgeschlagenes Buch.

Daneben lag ein Brief.

„Für meine Tochter", stand darauf in vertrauter Schrift.

Miyu zögerte, dann öffnete sie ihn.

„Miyu,
wenn du diese Worte liest, bist du weiter gegangen, als ich je zu hoffen wagte.
Dieser Ort war mein Rückzugsraum, wenn die Welt zu laut wurde.
Hier habe ich geweint, gelacht, geschrieben – dich gespürt.
In der Mitte der Dinge ist nie nur Leere. Es ist ein Anfang.

Vertraue deinem Blick. Vertraue deinem Strich. Vertraue dem Klang des Regens."

Tränen liefen Miyu über die Wangen, während sie las. Die Worte waren nicht nur ein Vermächtnis. Sie waren ein Nachklang, ein lebendiger Faden durch die Zeit.

Sie blieb in Kyoto mehrere Tage. Sie verbrachte Stunden im Tempelgarten, hörte dem Wasser zu, das durch die Rillen eines Bambusrohres plätscherte. Abends las sie in alten Aufzeichnungen ihrer Mutter, die in einer Truhe unter dem Tisch lagen – Gedichte, Briefe, kleine Skizzen.

Darin tauchte ein neuer Name auf: Akira.

„Er war ein Teil von mir", stand in einem der Briefe. „Aber er war auch ein Teil von dir, Miyu."

Miyu sah Kaito an, der schweigend mit ihr im Garten saß.

„Ich glaube, Akira ist mein Vater", sagte sie.

Kaito nickte. „Möchtest du ihn finden?"

„Ich glaube, ich muss."

Einige Wochen später, nach Recherchen, alten Telefonnummern und Gesprächen mit Akiko, stand Miyu vor einem alten Haus am Rand von Sapporo. Die Luft war kühl, der Himmel klar. Ihr Herz pochte laut.

Ein Mann öffnete. Grau meliertes Haar, ein ruhiger Blick.

„Du bist…?" fragte er.

„Miyu."

Stille. Dann ein Nicken. Und ein Wort, fast flüsternd: „Komm rein."

Der Raum war warm, voll alter Bücher, Fotografien, Teeschalen, Notiz-bücher. Kein Zweifel: Dieser Mann war Teil ihrer Geschichte.

Sie tranken Tee. Sprachen. Lachten vorsichtig. Schweigen wurde nicht als Schwäche empfunden, sondern als Raum für Verbindung.

„Deine Mutter hat mir Briefe geschrieben, auch nachdem du geboren wurdest", sagte er. „Aber ich war feige. Ich wusste nicht, wie ich euch gerecht werden sollte."

Er zeigte ihr ein Foto: Ihre Mutter, jung, lachend, mit Miyu als Baby im Arm. Dahinter – ein handgeschriebener Satz:

„Sag ihr irgendwann, dass ich sie im Wind gezeichnet habe."

Sie weinte. Nicht vor Schmerz. Sondern vor dem Gefühl, wiedergefun-den zu werden.

Nach ihrer Rückkehr aus Sapporo war etwas in Miyu anders geworden. Nicht nur die Klarheit, dass sie nicht mehr nach Lücken in ihrer Vergan-genheit suchte, sondern nach Verbindung – sondern auch ein neues Ge-fühl für Verantwortung: gegenüber der Geschichte ihrer Mutter, gegen-über sich selbst.

Sie begann zu schreiben. Nicht nur in ihr Notizbuch, sondern auf größe-ren Papieren, mit Pinsel, Tusche und einer zunehmenden Sicherheit. Ihre Finger erinnerten sich an Bewegungen, die ihr Geist erst noch ver-stehen musste. Jeder Strich war wie ein Atemzug. Jeder Schwung trug eine Geschichte in sich. Sie nannte die Serie:

„Nokoshita ame" – der Regen, der bleibt.

Kaito, inzwischen nicht mehr nur ein Begleiter, sondern ein Vertrauter, half ihr, eine kleine Ausstellung vorzubereiten. Akiko vermittelte ihr Kontakte zu einer Galerie in der Nähe von Umeda, wo junge Künstlerinnen regelmäßig ihre Werke zeigten.

Die Ausstellung war schlicht gehalten: weißes Licht, dunkle Holzwände, gedämpfte Geräusche von Wind und Wasser aus versteckten Lautsprechern. In einem Nebenraum lief ein Video – die Tonbandaufnahmen ihrer Mutter, unterlegt mit Bildern der Kalligrafien.

In der Mitte des Raums hing das größte Werk, geschrieben auf hauchdünnem Washi, das leicht im Luftzug schwebte:

„Wenn der Regen fällt,
hört die Erinnerung auf zu flüstern –
und beginnt zu singen."

Zur Vernissage kamen viele – Künstler, Freundinnen ihrer Mutter, Fremde, die von der Geschichte gehört hatten. Auch Akira kam, zögerlich, aber da. Er trat an das große Werk heran und verharrte lange davor, ohne zu sprechen. Als Miyu sich ihm näherte, nahm er ihre Hand.

„Du hast ihre Stimme weitergetragen", sagte er leise.

Später, allein in der Galerie, als die Gäste gegangen waren, setzte sich Miyu auf den Boden und blickte in die stillen Zeichen an der Wand. Es war keine Ausstellung über Kunst. Es war ein Gedächtnisraum geworden. Ein Ort, an dem Vergangenheit, Verlust und Liebe sichtbar geworden waren.

Sie blieb bis zum Morgen.

In den folgenden Wochen begann sie, Schüler zu unterrichten. Kleine Gruppen, meist junge Menschen auf der Suche nach Ausdruck, Stille, Orientierung. Sie nannte die Kurse „Shizukesa" – die Stille zwischen den Zeichen.

Manche kamen nur einmal. Andere blieben. Manche schrieben ganze Seiten. Andere nur einen einzigen Strich – und fanden darin genug.

Miyu erzählte ihnen nichts von ihrer Geschichte. Doch wer aufmerksam war, spürte sie in ihrer Art zu lehren: wie sie die Pinsel reichte, die Tusche anrührte, die Hände der anderen führte – nicht mit Druck, sondern mit Vertrauen.

Sie selbst schrieb weiter. Mehr denn je. Briefe an ihre Mutter, an sich selbst, an das Kind, das sie einmal war. Manchmal las sie sie Kaito vor. Und manchmal schwieg sie einfach, während er neben ihr saß und Tee kochte, so wie früher ihre Mutter es getan hatte.

An einem besonders stillen Abend, als der erste Winterregen gegen das Fenster fiel, öffnete Miyu das alte Buch wieder – das Buch, das sie am Anfang gefunden hatte. Zwischen zwei Seiten lag ein neues Stück Papier. Es war nicht von ihr. Auch nicht von ihrer Mutter. Die Schrift war ihr unbekannt.

„Wer den Regen versteht,
kann nicht verloren gehen.

Die Geschichte endet nicht.

Sie verwandelt sich."

Der Winter legte sich langsam über Osaka. Die Luft war klar, beißend kalt, und nachts schimmerte der Atem wie Nebel im Laternenlicht. Auf den Straßen spiegelte sich die Stadt im feuchten Asphalt – ein zweites Osaka, ein unsichtbares, das nur in den Stunden nach Mitternacht ganz zum Vorschein kam.

Miyu hatte begonnen, immer häufiger spätabends zu arbeiten. Der Lärm des Tages wich der Stille der Nacht, in der jeder Pinselstrich lauter schien. In dieser Ruhe konnte sie sich erinnern – nicht im Verstand, sondern im Körper, im Klang, in der Bewegung.

Sie füllte Seite um Seite mit Zeichen, doch es waren keine gewöhnlichen Kalligrafien. Es waren Karten – Wege, Pfade, Brücken zwischen Momenten. In einem ihrer Texte schrieb sie:

„Ich schreibe nicht mehr, um zu verstehen.
Ich schreibe, weil ich sonst vergesse, dass ich da bin."

Diese Worte wurden später Teil eines neuen Werkzyklus, den sie „Yoru no uta" – Lieder der Nacht nannte.

Die neue Serie war dunkler. Nicht düster – aber tiefer. Sie verwendete nicht nur schwarze Tinte, sondern auch Asche, Erde, Wasser aus dem Fluss, durch den sie als Kind einmal gefallen war. Sie mischte alles zu einer flüssigen Erinnerung, die sie mit dem Pinsel auf das Papier atmen ließ.

Eines Tages besuchte sie ein alter Freund ihrer Mutter. Sein Name war Komatsu, ein Fotograf, der früher mit Miyus Mutter zusammen Projekte realisiert hatte. Er hatte eine Mappe bei sich – voll mit alten Bildern, Kontaktabzügen, Notizen.

„Sie wollte immer, dass ihr Werk nie nur auf Papier bleibt", sagte er.
„Sie wollte, dass es sich fortsetzt. In Stimmen. In Bildern. In Händen."

Er zeigte ihr eine Serie von Fotos: ihre Mutter, lachend, schreibend, sitzend in einem Fensterrahmen. Auf einem Foto hielt sie ein Papier in der Hand, auf dem stand:

„Ich schreibe dich in den Regen,
damit du nicht vom Wind verweht wirst."

Miyu betrachtete die Bilder lange. Und zum ersten Mal hatte sie nicht das Gefühl, einer Vergangenheit hinterherzulaufen. Sondern mit ihr zu gehen.

Kaito machte ihr eines Abends einen Vorschlag.

„Was hältst du davon, wenn wir deine Arbeiten filmen? Nicht für eine Ausstellung – sondern als eine Art Archiv. Eine Geschichte in Bewegung."

Sie stimmte zu. Gemeinsam begannen sie, Szenen zu planen: Aufnahmen von Schreibprozessen, Aufnahmen im Regen, Interviews mit den Menschen, die ihre Mutter kannten. Sie fuhren gemeinsam nach Nara, nach Kobe, sogar in ein kleines Dorf, in dem eine entfernte Tante von Miyu lebte – und noch alte Briefwechsel aufbewahrte.

Aus Stunden von Material entstand ein Film, schlicht betitelt:
„Mizu no kioku – Erinnerungen des Wassers".

Die Premiere fand im kleinen Saal eines Kulturzentrums statt. Etwa dreißig Menschen kamen. Einige kannten Miyu, andere waren nur neugierig. Als das Licht am Ende anging, herrschte Stille.

Dann eine einzelne Stimme: „Arigatou."

In der folgenden Zeit wurde es ruhiger. Nicht leer – aber weiter. Miyu kehrte zurück in ihren Alltag, der nun nicht mehr brüchig wirkte, sondern verwoben. In den leisen Stunden schrieb sie weiterhin Briefe an ihre Mutter – Briefe, die sie nicht verschickte, sondern faltete und in einem Kästchen sammelte.

Eines Abends, während draußen leiser Schnee fiel, schrieb sie nur drei Zeilen:

„Ich habe dich gefunden,
nicht in Worten,
sondern im Regen."

Die ersten Kirschblüten trieben durch die Gassen Osakas, als sich das Kapitel langsam schloss. Nicht mit einem Ende – sondern mit einer sanften Öffnung, wie eine Tür, die nicht mehr abgeschlossen war. Der Regen kam jetzt seltener, doch wenn er fiel, lauschte Miyu ihm nicht mehr mit Angst, sondern mit einer leisen Freude.

Sie hatte begonnen, ihre Werke in ein größeres Projekt einzubetten: Eine Sammlung von Texten, Kalligrafien, Tonaufnahmen und Fotografien, die sie unter dem Titel „Hibiku ame – Der widerhallende Regen" zusammenführte. Es sollte kein Buch im klassischen Sinn werden. Sondern ein Raum.

Ein Ort, der gelesen, gehört, betreten werden konnte.

Sie mietete ein ehemaliges Badehaus in Tennoji, renovierte es mit Hilfe von Freunden, baute es um in einen Erfahrungsraum. Die einzelnen Becken wurden zu Inseln der Erinnerung: eines mit Aufnahmen aus dem Leben ihrer Mutter, eines mit leeren Papieren und Pinseln für Besucher, eines mit leiser Musik und Lichtspielen. Und eines, das nur dem Klang des Regens gewidmet war – gespeist aus alten Tonbändern, aufgenommen über Jahre hinweg.

Die Eröffnung war schlicht. Kein Pomp. Kein Programm. Nur eine Einladung: „Tritt ein, wenn du vergessen hast – und erinnern möchtest."

Die Resonanz war überwältigend. Menschen blieben stundenlang. Manche kamen mehrmals. Manche schrieben Nachrichten auf kleine Papierzettel und klebten sie an die Wand.

„Ich wusste nicht, dass ich mich erinnern kann, bis ich hier war."

„Mein Vater war Kalligraf. Ich habe seit Jahren nicht geschrieben. Heute habe ich es wieder getan."

„Ich habe meine Tochter verloren. Aber in dieser Stille habe ich sie gefunden."

Miyu las jede Nachricht. Nicht aus Neugier. Sondern aus Dankbarkeit.

Denn nun war klar: Ihre Geschichte war nicht nur ihre.

Sie war ein Gewebe, gesponnen aus Stimmen, Blicken, Zeichen – und dem Klang des Regens.

An einem der letzten Abende im März, als Osaka schon ins Abendlicht getaucht war und die Gassen in Rosa und Gold schimmerten, saß Miyu mit Kaito auf der Holzbank vor dem Erfahrungsraum. Sie tranken Tee. Schweigen war längst keine Lücke mehr, sondern ein gemeinsamer Raum.

„Was kommt jetzt?" fragte er irgendwann.

Sie sah ihn an, lächelte.

„Jetzt?" Sie blickte in den Himmel, wo sich erste Sterne zeigten. „Jetzt beginnt das, was man ein Leben nennt."

Dann legte sie den Kopf leicht zur Seite, hörte dem leisen Wind zu, der durch die Straßen zog – und wartete auf den Klang des nächsten Regens.

VIER

„ SAPPORO – DER MANN IM SCHNEE "

Der Winter in Sapporo war eingezogen wie ein unsichtbarer Besucher, der in jede Ritze der Stadt kroch. Takumi saß am Fenster des kleinen Cafés, das er seit kurzem kannte, und beobachtete, wie die Schneeflocken auf die kahlen Äste der Bäume fielen, sich zu weißen Teppichen auf dem Boden sammelten und die Welt in eine melancholische Stille hüllten. Draußen spiegelten sich die Lichter der Stadt in Pfützen, die von der vergangenen Schneeschmelze übrig geblieben waren, doch hier drinnen war es warm, ein Refugium aus Holz und gedämpftem Licht.

Takumi war ein Mann, der die Welt durch die Linse seiner Kamera betrachtete, aber gerade jetzt schien es, als würde die Kamera selbst nichts einfangen können — weder die Stille der Landschaft noch das diffuse Gefühl der Einsamkeit, das ihn begleitete. Er hatte keine konkrete Richtung, nur ein vages Verlangen, etwas zu finden, das sich seiner Vernunft entzog.

Das Café roch nach geröstetem Kaffee und altem Papier, ein Duft, der Erinnerungen weckte, die nicht ganz greifbar waren. Während er an seiner Tasse nippte, erinnerte er sich an einen Satz aus einem Buch, das er einmal gelesen hatte: „Manchmal verliert man sich, um sich selbst wiederzufinden." Es war kein Trost, eher eine Tatsache, die er akzeptierte.

Als die Dämmerung hereinfiel, zog Takumi seinen Mantel enger um sich und machte sich auf den Weg. Der Schnee knirschte leise unter seinen Schuhen, und die Welt um ihn herum schien wie in Watte gepackt. Die Straßen waren leerer als sonst, und die Geräusche gedämpft. Es war eine Stadt, die zwischen Realität und Traum zu schweben schien.

Sein Ziel war ein Onsen, ein abgelegener Ort in den Bergen, den ihm ein alter Freund aus Kyoto empfohlen hatte. Ein Ort, der Ruhe versprach — oder Antworten, falls man mutig genug war, danach zu suchen.

Der Weg wurde steiler und enger, je weiter er ging. Die Flocken fielen dichter, als wollten sie ihn warnen oder zurückhalten. Doch Takumi spürte, dass er genau hier sein musste, als ob das Weiß des Schnees ein Schleier wäre, der das Verborgene nur halb enthüllte.

Am Abend erreichte er schließlich das kleine Gasthaus. Es war unscheinbar, mit verwitterten Holzwänden und einem kleinen Rauchschwaden, der aus dem Schornstein stieg. Eine alte Frau öffnete die Tür, ihre Augen hell und wach, obwohl ihr Gesicht von den Jahren gezeichnet war. Sie begrüßte ihn mit einem leisen Lächeln, das mehr zu sagen schien, als die Worte, die sie sprach.

„Willkommen," sagte sie, ihre Stimme sanft wie das Flüstern des Windes durch die Bäume.

Takumi trat ein, die Kälte abstreifend, und spürte sofort, wie sich etwas veränderte — eine Atmosphäre, die zwischen Zeit und Raum zu schweben schien. Der Onsen war mehr als nur ein Ort der Wärme; er war ein Ort der Erinnerung, des Vergessens und des Aufbruchs.

Während Takumi in der heißen Quelle saß, blickte er in den Nebel, der über dem Wasser schwebte, und fragte sich, was er wirklich suchte. Vielleicht war es nicht das Bild, das er mit seiner Kamera einfangen wollte, sondern ein Stück seiner selbst, das er verloren hatte.

Die Nacht kam still und tief, und draußen fiel weiter Schnee, als wollte die Welt ein Geheimnis bewahren, das nur jene entdecken konnten, die den Mut hatten, in die weiße Leere zu treten.

Am Morgen erwachte Takumi mit dem Geräusch von Tropfen, die langsam von den Dachsparren auf den Holzfußboden fielen. Der Schnee hatte aufgehört, aber die Welt draußen war feucht und still, als wäre sie in einen sanften Schlummer versunken. Das Onsen war erfüllt vom Duft nach heißem Quellwasser und dem leisen Rascheln von Papier.

Takumi zog die schweren Vorhänge beiseite und sah hinaus auf den Garten, der im diffusen Licht des Morgens noch immer vom Frost bedeckt war. Äste hingen schwer von glitzernden Eiskristallen, und im Hintergrund zeichnete sich die Silhouette der Berge wie ein dunkles Versprechen ab.

Yuki, die alte Wirtin, bereitete gerade das Frühstück vor. Ihre Bewegungen waren ruhig und präzise, als würde sie ein Ritual vollziehen, das längst Teil ihrer Seele geworden war. Takumi beobachtete sie einen Moment, bevor er leise in die Küche trat.

„Der Schnee hier ist anders als in der Stadt," sagte Yuki, ohne ihn anzusehen. „Er nimmt die Geräusche auf und macht sie zu einem stillen Gedicht."

Takumi nickte. Er spürte, wie sich etwas in ihm regte, als ob der Schnee nicht nur die Landschaft bedeckte, sondern auch seine eigenen Gedanken und Erinnerungen.

„Sie kommen aus Kyoto, nicht wahr?" fragte Takumi, der sich an ein Gespräch erinnerte, das er beiläufig erwähnt hatte.

Yuki lächelte leicht. „Ja. Dort habe ich viele Jahre gelebt. Kyoto ist eine Stadt, die man nicht so einfach verlässt. Sie bleibt in dir, auch wenn du weit weg bist."

„Ich habe gehört, dass Sie früher Kalligrafie gemacht haben," sagte Takumi vorsichtig. „Ich kenne jemanden, der davon erzählt hat…"

Yuki nickte. „Kalligrafie ist mehr als nur Schreiben. Es ist das Festhalten eines Moments, das Einfangen von Bewegung und Stille zugleich."

Takumi nahm einen Schluck von seinem Tee und fühlte die Wärme, die langsam seine kalten Finger ergriff. Etwas in Yukis Worten ließ eine Tür in seinem Geist aufgehen — eine Erinnerung, die er lange nicht betreten hatte.

Im Laufe des Tages begab sich Takumi auf einen Spaziergang durch die Umgebung. Die schmalen Pfade führten ihn durch dichte Bambuswälder, deren Stämme im spärlichen Licht schimmerten. Der Schnee knirschte unter seinen Stiefeln, und ab und zu zog ein Windstoß durch die Zweige, der die Stille zerriss und ihn daran erinnerte, dass die Natur lebendig war.

Sein Blick fiel auf eine kleine, verwitterte Hütte, die halb im Schnee versank. Die Fenster waren mit Papier verklebt, und aus dem Inneren drang ein schwaches Licht. Takumi fühlte eine unerklärliche Verbindung zu diesem Ort, als hätte er hier etwas verloren — oder vielleicht etwas gefunden.

Er setzte sich auf einen Baumstumpf und zog sein Notizbuch hervor. Seine Finger zitterten leicht, als er begann, Worte zu schreiben, ohne genau zu wissen, wohin sie führen würden. Die Gedanken flossen langsam, begleitet vom Flüstern der Bäume und dem leisen Tropfen von Wasser.

„Manchmal muss man verschwinden, um wirklich zu sehen," schrieb er. „Manchmal ist das Schweigen lauter als jedes Wort."

Als er wieder aufblickte, sah er eine Gestalt, die sich zwischen den Bäumen bewegte — schemenhaft und fast wie ein Schatten. Für einen Moment glaubte er, einen Blick in die Vergangenheit zu erhaschen, eine Erinnerung, die an ihm vorbeizog und dann wieder verschwand.

Am Abend, zurück im Onsen, saßen Takumi und Yuki vor dem Kamin. Das Feuer knisterte leise, und die Schatten tanzten an den Wänden. Yuki griff nach einer alten, zerfledderten Kiste und öffnete sie vorsichtig.

„Ich habe etwas für dich," sagte sie und zog ein altes Foto hervor. Es zeigte eine junge Frau, deren Augen voller Leben und zugleich voller Geheimnisse waren. „Sie war eine Freundin aus Kyoto. Vielleicht kennst du sie."

Takumi betrachtete das Bild. Eine seltsame Beklommenheit stieg in ihm auf, als hätte das Bild einen Schlüssel zu etwas längst Vergangenem.

„Warum zeigst du mir das?" fragte er.

„Weil die Vergangenheit manchmal den Weg weist, wenn die Gegenwart uns im Dunkeln lässt."

Der Schnee fiel wieder in jener Nacht, sanft und unaufhörlich. Und irgendwo in der weißen Leere, zwischen Erinnerung und Vergessen, begann Takumis Suche erst wirklich.

Die Morgendämmerung war zart und bleich, als Takumi aus dem warmen Nebel des Onsen trat. Draußen lag eine glatte Schicht frischer Schneedecke über den Pfaden und Bäumen, und die Welt wirkte wie eingefroren in einem Augenblick der Unendlichkeit. Der Atem bildete kleine Wolken in der kalten Luft, und seine Schritte hinterließen Spuren, die niemand außer ihm zu verfolgen schien.

Takumi fühlte sich merkwürdig losgelöst, als sei er gleichzeitig hier und an einem anderen Ort. Es war, als ob die Grenze zwischen Realität und Traum zu verschwimmen begann — ein bekannter Zustand, den er aus seinen früheren Jahren kannte, wenn die Nacht zu tief und die Gedanken zu schwer wurden.

Er erinnerte sich an die alte Frau, Yuki, und das Foto, das sie ihm gezeigt hatte. Die junge Frau darauf hatte etwas in ihm berührt, eine Erinnerung, die sich hartnäckig weigerte, vollständig an die Oberfläche zu kommen. Doch was genau, blieb ihm verborgen, wie ein Schatten im Nebel.

Auf einem schmalen Pfad, der zwischen verschneiten Bäumen verschwand, begegnete Takumi plötzlich einem kleinen Mädchen. Sie war in einen dicken, roten Mantel gehüllt und trug eine Schultasche, die fast zu groß für sie war. Ihr Gesicht war vom Schnee gerötet, und ihre Augen hatten einen Ausdruck, der gleichsam neugierig und vorsichtig war.

„Hallo," sagte sie leise, und ihre Stimme klang wie ein Flüstern, das die Stille der Wälder durchbrach.

Takumi nickte. „Hallo."

Sie stellte sich als Aiko vor, eine Bewohnerin des nahegelegenen Dorfes. Ihre Familie betrieb eine kleine Teestube, die seit Generationen in der Familie war. Takumi spürte sofort, dass es etwas an ihr gab, das mehr war als bloße Freundlichkeit — als sei sie ein Bindeglied zwischen Vergangenheit und Gegenwart.

Aiko begann von alten Legenden zu erzählen, die in den Bergen kursierten: von Geistern, die in den Schneefällen verborgen leben, von verlorenen Seelen, die nur durch Erinnerungen wieder zum Leben erweckt werden können, und von der Macht des Onsen, die mehr heilt als nur den Körper.

In den folgenden Tagen führte Aiko Takumi auf Wanderungen durch verborgene Täler und vergessene Pfade. Sie zeigte ihm Plätze, an denen die Zeit stillzustehen schien, und Quellen, deren Wasser kristallklar und fast magisch wirkte. Takumi fotografierte die Landschaft, doch auch diese Bilder schienen mehr Fragen aufzuwerfen, als sie Antworten gaben.

Eines Abends saßen sie am Feuer in Yukis Onsen. Das Flackern der Flammen warf tanzende Schatten an die Wände, und draußen peitschte der Wind durch die Bäume.

„Manchmal," sagte Aiko, „müssen wir in die Dunkelheit gehen, um das Licht zu finden."

Takumi lauschte, doch seine Gedanken kreisten um das Foto und die geheimnisvolle Verbindung zu Yuki und Kyoto. Die Geschichte, die sich wie ein unsichtbarer Faden durch sein Leben zog, begann sich langsam zu entwirren, doch zugleich wurde sie komplexer, geheimnisvoller.

In einer Nacht voller Schnee und Stille verließ Takumi das Onsen heimlich. Die Kamera fest umklammert, trat er in die weiße Leere hinaus, auf einen Pfad, der tiefer in die Berge führte. Er wusste nicht, was er finden würde — vielleicht Antworten, vielleicht nur mehr Fragen.

Und während der kalte Wind um seine Schultern zog, fühlte er eine eigenartige Mischung aus Furcht und Hoffnung. Es war ein Schritt ins

Unbekannte, aber auch eine Chance, die verlorenen Stücke seiner Geschichte wieder zusammenzufügen.

Die Welt war eingehüllt in dichten Nebel, der sich wie eine zarte Decke über die Gipfel legte und alles in ein sanftes Grau tauchte. Takumi bewegte sich vorsichtig vorwärts, seine Kamera in der Hand, die Augen suchten aufmerksam nach Formen, die sich im diffusen Licht zeigten. Jeder Schritt schien gedämpft, als wollte die Natur selbst ihn schützen und zugleich prüfen.

Der Nebel war mehr als nur Wassertröpfchen in der Luft; er war eine Metapher für das, was Takumi suchte — Klarheit, verborgen hinter einem Schleier. Die Grenzen zwischen Innen und Außen, zwischen Erinnerung und Wirklichkeit, lösten sich auf, und er spürte, wie seine Gedanken wie lose Blätter im Wind wirbelten.

Auf einem Felsen sitzend, blickte Takumi auf ein Tal hinab, das unter dem weißen Schleier fast unsichtbar wurde. Es war ein Ort, der gleichzeitig fremd und vertraut wirkte. Erinnerungen an Kyoto, an das Foto, an Yuki und an Aiko vermischten sich zu einem stillen Chor aus Stimmen, die er kaum verstand.

In der Ferne hörte er ein leises, unregelmäßiges Klopfen — wie das Schlagen eines Herzens, das durch den Nebel drang. Es war kein Geräusch, das von der Natur stammte, sondern etwas, das in der Luft schwebte, kaum greifbar. Takumi folgte dem Klang, als wäre er ein unsichtbarer Faden, der ihn durch das Dickicht führte.

Der Pfad wurde steiler und rutschiger, doch Takumi setzte einen Fuß vor den anderen, getrieben von einer unbestimmten Sehnsucht. Plötzlich öffnete sich der Wald zu einer kleinen Lichtung, auf der eine alte Hütte stand, halb verborgen von dichten Ästen und mit Moos bedeckt.

Die Tür war angelehnt, und als Takumi näher trat, sah er, dass die Fenster mit vergilbtem Reispapier beklebt waren, das unter der Berührung der Kälte spröde wirkte. Ein Gefühl von Zeitlosigkeit lag über dem Ort — als ob hier die Jahre stillstanden und nur die Erinnerung lebte.

Er trat ein. Der Raum war spärlich möbliert, doch auf einem kleinen Tisch lag ein Buch, dessen Einband vom Gebrauch gezeichnet war. Takumi nahm es vorsichtig in die Hand und blätterte die Seiten durch. Die Schrift war kunstvoll und fließend — Kalligrafie, die Geschichten erzählte, die sich zwischen den Zeilen versteckten.

Sein Herz schlug schneller, als er einen Namen entdeckte, den er kannte — der Name der jungen Frau auf dem Foto.

Zurück im Onsen, betrachtete Takumi das Buch immer wieder. Die Schrift schien lebendig, als würde sie flüstern, Geheimnisse erzählen, die nur darauf warteten, entschlüsselt zu werden. Yuki bemerkte seine Faszination und setzte sich neben ihn.

„Das Buch gehört meiner Mutter," sagte sie leise. „Sie war Kalligrafin, so wie du vielleicht… ein Suchender."

Takumi sah sie an, seine Fragen lagen unausgesprochen in der Luft. „Warum hast du mir das gezeigt?"

„Weil die Vergangenheit dich nicht loslässt, solange du sie nicht verstehst," antwortete Yuki. „Und weil du mehr bist, als du glaubst."

Die Worte hingen zwischen ihnen wie Nebelschwaden — vage und doch bedeutungsvoll. Takumi spürte, wie sich eine Verbindung spannte, die über Raum und Zeit hinausging.

In dieser Nacht lag Takumi wach, die Gedanken wirbelten wie die Schneeflocken draußen vor dem Fenster. Das Buch, die junge Frau, Yuki, Aiko — all diese Fäden woben ein Netz aus Erinnerungen, Hoffnungen und Geheimnissen. Er wusste, dass seine Suche nicht nur eine Reise durch die Berge war, sondern eine Reise zu sich selbst.

Und irgendwo, tief in der weißen Weite, wartete die Antwort, die ihm bisher verborgen geblieben war.

Der Morgen lag schwer und gedämpft über dem Onsen. Takumi erwachte mit einem Gefühl, als wäre er nicht ganz hier gewesen — als hätte er die Nacht zwischen zwei Welten verbracht. Das Buch lag aufgeschlagen neben seinem Bett, die kalligrafischen Linien schienen sich bei jedem Blick zu bewegen, als wollten sie ihm etwas sagen, das sich seinen Worten entzog.

Er zog sich an, den Mantel fest um die Schultern geschlungen, und trat hinaus in den frostigen Morgen. Die Luft war klar und schneidend kalt, und jeder Atemzug schien eine kleine Explosion von weißem Nebel in die Stille zu senden.

Takumi machte sich auf den Weg zu dem kleinen Dorf, von dem Aiko gesprochen hatte. Die Wege waren verschneit, die Häuser eng aneinander gebaut und von der Winterkälte fest umschlossen. Überall lagen Spuren von Füßen und Schlitten, Zeichen des Lebens, das trotz des Winters weiterging.

Er betrat die Teestube der Familie, wo Aiko ihm mit einem stillen Lächeln begegnete. Die Wärme und der Duft von geröstetem Tee waren ein Kontrapunkt zur Kälte draußen. Aiko setzte sich ihm gegenüber und begann zu erzählen — nicht von den Bergen, sondern von den Menschen, die hier lebten, von den Geschichten, die weitergegeben wurden, von den Erinnerungen, die tief in der Erde vergraben lagen.

„Es gibt hier einen Ort," sagte Aiko leise, „an dem die Zeit stillsteht. Man sagt, wer dort verweilt, hört das Echo der Stille — die Stimmen der Vergangenheit, die uns alle verbinden."

Takumi lauschte, die Worte schienen ihm wie ein Schlüssel zu sein, der eine Tür in seinem Inneren öffnete. Er fühlte, wie sich etwas löste, wie die Nebel in seinem Geist sich lichteten.

„Ich möchte diesen Ort sehen," sagte er schließlich.

Aiko nickte. „Morgen, wenn der Schnee leicht ist, werden wir gehen."

Die Nacht brachte keinen Schlaf, sondern einen Zustand zwischen Wachsein und Träumen. Takumi lag da, das Buch fest an seine Brust gedrückt, die Schatten des Feuers tanzten an den Wänden, und das leise Prasseln des Schnees draußen war wie ein Flüstern, das ihn rief.

In seinen Träumen wanderte er durch schneebedeckte Wälder, die sich endlos zu erstrecken schienen. Er sah Gesichter, flüchtige Schatten, die ihm vertraut und doch fremd waren. Stimmen flüsterten Namen, Worte, die sich wie Rätsel anfühlten. Und immer war da dieses Echo — eine Melodie der Vergangenheit, die seine Seele berührte.

Am nächsten Morgen brachen sie auf. Aiko führte Takumi über verschneite Hügel und durch stille Täler. Der Schnee war weich und unberührt, außer den Spuren ihrer Schritte. Der Himmel war ein bleiches Grau, das die Welt in sanftes Licht tauchte.

Schließlich erreichten sie eine Lichtung, umgeben von hohen Bäumen, deren Äste schwer von Schnee waren. In der Mitte stand ein alter Schrein, von der Zeit gezeichnet, aber voller Würde. Takumi fühlte eine tiefe Ruhe, als wäre dies der Mittelpunkt einer unsichtbaren Welt.

Sie setzten sich nieder, und Aiko begann leise zu singen — eine Melodie, die alt war wie die Berge selbst, getragen von einer Klarheit, die Takumi berührte. Die Stille antwortete mit einem Echo, das sich durch die Zweige webte und in sein Herz drang.

In diesem Moment verstand Takumi, dass seine Suche kein Ziel hatte, sondern eine Reise war — eine Reise durch das Echo der Stille, das alle Zeiten und Orte verband.

Der Schrein lag still unter einer Decke aus Schnee, als Takumi und Aiko langsam zurückkehrten. Die kalte Luft schien jedes Geräusch zu dämpfen, und ihre Schritte hinterließen flüchtige Spuren, die bald vom nächsten Windhauch verweht wurden. Es war, als würden sie durch eine vergängliche Welt wandeln, in der nichts dauerhaft war außer dem Gefühl von Bedeutung, das schwerer wog als die sichtbaren Formen.

Zurück im Onsen saß Takumi mit dem Buch auf dem Schoß und ließ seine Finger die zarten Linien der Kalligrafie nachfahren. Jeder Strich war wie eine geheime Botschaft, geschrieben in einer Sprache, die nur sein Herz zu verstehen schien. Es war, als ob die Vergangenheit in diesen Zeichen lebte — kleine Fragmente eines Lebens, das längst entschwebt war, aber durch das Schreiben in ewiger Erinnerung blieb.

Yuki beobachtete ihn still. „Die Kunst liegt nicht nur im Schreiben," sagte sie. „Sondern im Fühlen. Jede Linie ist ein Atemzug, eine Emotion, ein Gedanke, der festgehalten wird."

Takumi nickte. Er spürte die Schwere dieser Worte tief in sich, als wäre sein eigenes Leben eine solche Linie — unvollendet, aber voller Möglichkeiten.

Später, während die Nacht hereinbrach und das Onsen in warmes, gedämpftes Licht getaucht war, nahm Takumi seine Kamera und begann, Fotos von den Details des Hauses und der umliegenden Natur zu machen. Er wollte die Momente festhalten, die flüchtig waren — den Fall eines einzelnen Schneeflockens, den Schatten eines Astes, der sich im Wasser spiegelte.

Jedes Bild erzählte eine Geschichte, doch die wichtigste Geschichte war die, die zwischen den Bildern lag — die Geschichte von Verlust, Erinnerung und der stillen Hoffnung, die alles durchdrang.

Am nächsten Tag besuchte Takumi Yuki in ihrem kleinen Arbeitszimmer. Zwischen alten Büchern, Reispapieren und Pinseln zeigte sie ihm ein weiteres Geheimnis: ein altes Tagebuch, dessen Einträge von einer jungen Frau stammten — der gleichen Frau, die auf dem Foto zu sehen war.

„Sie hat ihre Gefühle in Worte gefasst," erklärte Yuki. „Aber ihre Wahrheit blieb oft verborgen, zwischen den Zeilen und in den Leerstellen."

Takumi blätterte vorsichtig durch die vergilbten Seiten. Die Sprache war poetisch und melancholisch, voll von Sehnsucht und unerfüllten Träumen. Er fühlte sich, als würde er eine Verbindung zu einer Zeit spüren, die jenseits seiner eigenen Erfahrung lag, aber doch so nah war, dass sie ihn berührte.

In den folgenden Tagen verschmolzen Takumis eigene Gedanken mit den Worten der jungen Frau. Er schrieb, fotografierte und suchte nach einem Weg, das Unsichtbare sichtbar zu machen. Die Berge, der Schnee, die Geschichten — sie alle wurden Teil eines großen, stillen Netzwerks, das er zu verstehen suchte.

Manchmal, wenn die Dunkelheit sich wie ein sanfter Mantel um ihn legte, hörte er das leise Flüstern von Stimmen, die durch den Wind getragen wurden. Es war, als ob die Vergangenheit selbst mit ihm sprach und ihn aufforderte, weiterzugehen — immer weiter, in das Herz des Schnees.

Der Winter hatte Sapporo nun fest im Griff. Das Tal, in dem Takumi sich bewegte, war eine Welt aus Weiß und Grau, durchzogen von dünnen Linien gefrorener Bäche und Äste, die unter der Last des Schnees bogen. Jeder Atemzug fühlte sich wie ein Schluck kalte Luft an, der direkt in die Lunge schnitt und gleichzeitig das Bewusstsein schärfte.

Takumi wanderte oft allein. Die Einsamkeit war nicht bedrückend, sondern beruhigend – ein Raum, in dem Gedanken und Erinnerungen fließen konnten wie das stille Wasser unter einer dünnen Eisschicht. Er begann zu begreifen, dass die Zeit hier anders verlief, langsamer und zugleich dichter, als ob jeder Moment unendlich gedehnt wurde.

Am Rande eines gefrorenen Sees fand er eine seltsame Spur im Schnee. Es war keine menschliche Fußspur, sondern eher die Andeutung einer Bewegung, die nicht ganz greifbar war – wie ein Schatten, der unter der Eisdecke lebte. Neugierig folgte er der Spur, die ihn zu einem versteckten Höhleneingang führte, halb verdeckt von herabgefallenen Ästen und Schnee.

Die Höhle war kühl und feucht, die Wände glitten unter seinen Fingerspitzen wie kalter Marmor. Im Inneren herrschte eine tiefe Stille, die nur vom Tropfen von Wasser durchbrochen wurde, das irgendwo langsam von der Decke fiel. Takumi setzte sich auf einen Stein und schloss die Augen. In der Dunkelheit schien er nicht nur die physische Welt um sich zu spüren, sondern auch die Schatten der Vergangenheit, die hier gefangen waren.

Sein Herz schlug langsamer, während er den Rhythmus der Tropfen hörte – ein leises, unregelmäßiges Pochen, das sich mit seinem eigenen Puls zu vermischen schien. In diesem Moment spürte er die Verbindung zu Yuki, zu Aiko, und zu der jungen Frau aus dem Buch, als wären ihre Geschichten nicht nur Worte, sondern lebendige Wesen, die ihn begleiteten.

Als er die Höhle verließ, war die Sonne bereits hinter den Bergen verschwunden. Der Himmel färbte sich tiefblau, und die ersten Sterne erschienen wie kleine Nadeln aus Licht. Takumi fühlte eine seltsame Ruhe, aber auch ein wachsendes Gefühl von Dringlichkeit. Die Schatten unter dem Eis waren mehr als nur eine Metapher – sie waren ein Teil seiner Suche.

Zurück im Onsen fand er Yuki, die bereits auf ihn wartete. Ihr Gesicht war ernst, und doch lag darin eine stille Wärme. Sie reichte ihm eine kleine, verschlossene Schachtel.

„Das hier hat deine Mutter dir hinterlassen," sagte sie leise. „Sie wollte, dass du es findest, wenn die Zeit reif ist."

Takumi öffnete die Schachtel und entdeckte darin einen alten Schlüssel, kunstvoll verziert, und einen Brief in sorgfältiger Handschrift. Die Worte darin waren eine Mischung aus Erinnerung, Liebe und einer Einladung, weiterzugehen.

In der Nacht, als der Schnee leise gegen die Fenster trommelte, las Takumi den Brief immer wieder. Jede Zeile war wie ein Puzzlestück, das sich in seinem Inneren drehte und wendete, bis ein Bild entstand – ein Bild von Freiheit und Verlust, von Trennung und Wiedervereinigung.

Er wusste, dass er bald einen Ort aufsuchen musste, den seine Mutter einst verborgen hatte. Ein Ort, an dem sich Vergangenheit und Zukunft treffen würden.

Der Morgen nach dem Fund des Schlüssels war still. Das Licht, das durch die Fenster des Onsen fiel, war weich und verteilte sich gleichmäßig wie eine milde Erinnerung. Takumi saß auf der Veranda, das kleine Kästchen neben sich, und betrachtete die verschneite Landschaft. Die

Berge erhoben sich wie Wächter, stumm und majestätisch, in der Ferne schimmerten die Tannen unter einer dicken weißen Decke.

Der Brief lag offen auf seinen Knien, und obwohl die Worte vertraut waren, spürte er ihre Bedeutung erst jetzt wirklich. Es war eine Einladung – keine Aufforderung, sondern ein zarter Hinweis auf einen Weg, der schon lange vor ihm gelegt worden war.

Aiko kam mit dampfendem Tee auf die Veranda, ihre Bewegungen ruhig und bedacht. „Der Weg, den du suchen wirst, ist nicht einfach," sagte sie leise, „aber er führt dich zu Antworten, die tiefer sind als das Offensichtliche."

Takumi nickte und nahm einen Schluck Tee, dessen Wärme sich langsam in seinem Körper ausbreitete. Die Zeit schien langsamer zu vergehen, als ob jeder Moment gedehnt und zugleich konzentriert wurde.

Er machte sich bereit, die Gegend zu verlassen, und obwohl der Schnee noch immer alles bedeckte, schien der Winter plötzlich weniger kalt. Der Schlüssel in seiner Tasche fühlte sich schwer an, als trüge er das Gewicht vieler Erinnerungen.

Auf dem Weg ins Dorf spürte Takumi die Blicke der Bewohner auf sich, als sei er nicht ganz von dieser Welt. Doch niemand sagte etwas, nur ein leises Nicken hier und da, als würden sie sein inneres Ringen verstehen.

Seine Schritte führten ihn schließlich zu einem alten Tempel, verborgen zwischen dichten Wäldern und moosbedeckten Steinen. Das Tor war mit dünnem Schnee bedeckt, und die Luft roch nach Holz und Vergangenheit. Takumi zögerte einen Moment, dann trat er hindurch.

Im Tempel entdeckte er eine kleine Kammer, deren Tür von einem kunstvoll geschnitzten Schloss gesichert war. Mit zitternder Hand zog er den Schlüssel hervor und steckte ihn ins Schloss. Ein leises Klicken erfüllte den Raum, und die Tür öffnete sich langsam.

Im Inneren lag ein weiterer Schatz: alte Fotografien, Briefe, Skizzen und Notizen, die von einem Leben erzählten, das er nur aus Fragmenten kannte. Zwischen den Dokumenten fand er eine Karte, handgezeichnet, die ihn weiter in die Berge führte.

Takumi spürte, wie die Vergangenheit mit der Gegenwart verschmolz. Es war, als würden seine eigenen Schritte Teil einer größeren Geschichte werden — einer Geschichte von Verlust und Wiederfinden, von Verzweiflung und Hoffnung.

Die Dämmerung senkte sich über Sapporo, als Takumi den Tempel verließ. Sein Herz war schwer, doch zugleich leichter als zuvor. Der nächste Schritt wartete — verborgen auf den Pfaden, die nur diejenigen finden, die bereit sind, ihre Schatten zu durchschreiten.

Mit dem Schlüssel in der Tasche und der Karte in der Hand wusste er, dass seine Suche ihn weiter führen würde, bis alle Fragen beantwortet und alle Linien gezeichnet waren.

Der letzte Tag brach an, und die Sonne kämpfte sich durch die Wolken, die noch immer wie schwere Vorhänge über den Bergen hingen. Takumi packte seine Sachen zusammen, das alte Buch und die Karte sorgfältig eingewickelt in ein Tuch. Er fühlte die Präsenz von all jenen, die ihn auf dieser Reise begleitet hatten — Yuki, Aiko, seine Mutter, und sogar die unbekannte junge Frau aus Kyoto.

Der Pfad führte ihn tiefer in die Berge, die Luft wurde dünner und klarer, als würde er durch eine andere Dimension schreiten. Die Stille war allgegenwärtig, doch sie war nicht leer. Sie war erfüllt von Geschichten, die im Wind flüsterten, von Erinnerungen, die zwischen den Schneeflocken tanzten.

Nach Stunden des Wanderns erreichte er eine kleine Hütte, fast verborgen zwischen Bäumen und Felsen. Das Holz war verwittert, die Fenster schimmerten matt im Licht. Takumi spürte ein Ziehen in der Brust — hier war der Ort, den die Karte gezeigt hatte.

Die Tür öffnete sich mit einem leisen Quietschen, und im Inneren lag eine Atmosphäre voller Geschichte. An der Wand hing ein großes, verblasstes Foto — es zeigte eine Gruppe von Menschen, unter ihnen eine junge Frau mit einem sanften Lächeln, das ihm vertraut vorkam.

Takumi setzte sich auf den Boden und schlug das Buch auf. Die letzten Seiten waren leer, doch auf der Innenseite des Einbands war eine handgeschriebene Nachricht:

„Für dich, der du suchst und findest. Die Vergangenheit lebt in den Linien, die wir ziehen."

Ein Gefühl der Ruhe und Vollendung breitete sich in ihm aus. Die Suche war zu Ende, doch gleichzeitig hatte sie etwas in Bewegung gesetzt, das niemals endet — den Kreislauf von Erinnerung, Liebe und Hoffnung.

Später, als der Abend hereinbrach und die Sterne wie kleine Lampen am Himmel leuchteten, saß Takumi vor der Hütte, die Kamera neben sich. Er blickte hinauf in die Weite des Schneehimmels, und ein leises Lächeln umspielte seine Lippen.

Er wusste, dass er nie wirklich allein war. Die Geschichten, die Spuren, die Linien, die er entdeckt hatte, waren ein Teil von ihm — und er ein Teil von ihnen.

Das Echo des Schnees würde noch lange nachhallen.

FÜNF

„HIROSHIMA – SCHATTEN DER ZIKADEN"

Mia stand am Fenster ihres kleinen Apartments in Hiroshima, den Blick auf die Dächer der Stadt gerichtet, die in der späten Nachmittagssonne golden schimmerten. Über ihr erklang das durchdringende, fast hypnotische Zirpen der Zikaden, das sich wie ein unsichtbares Netz über die Stadt legte. Ein vertrauter Klang, der Sommer mit Vergangenem, Gegenwart und Geheimnissen verband.

In der Hand hielt sie ein vergilbtes, ledergebundenes Buch – das Tagebuch ihres Großvaters. Sie hatte es erst heute entdeckt, tief versteckt in einer alten Truhe auf dem Dachboden ihres Elternhauses. Die Seiten waren spröde, die Schrift handgeschrieben, manchmal mit hastigen Notizen und Formeln, die für Außenstehende wie ein Rätsel wirkten.

Mia spürte, wie ein leiser Schauer über ihren Rücken lief. Wer war dieser Mann wirklich gewesen? Und was verbarg sich hinter den kryptischen Einträgen?

Sie setzte sich auf den kleinen Holzhocker neben dem Fenster und schlug die erste Seite auf. Das Schreiben war akribisch, jede Zeile atmete eine Mischung aus Wissenschaft und tiefem Zweifel. Ihr Großvater, Hideki, war Physiker gewesen – ein Mann, der die Kraft der Natur zu entschlüsseln versucht hatte, aber dessen Arbeit offenbar dunkle Geheimnisse barg.

Ein Eintrag fiel ihr besonders ins Auge:

„Die Wahrheit über das Projekt, an dem ich teilnehme, ist eine Last, die ich kaum zu tragen vermag. Die Welt wird nie erfahren, was wir hier wirklich tun – und vielleicht ist das besser so."

Mia legte das Buch sanft auf den Schoß und schloss die Augen. Ihr Herz pochte schneller. Die Entdeckung war mehr als eine Erinnerung an den Großvater – es war ein Schlüssel zu einer Geschichte, die ihre Familie und vielleicht sogar die Stadt Hiroshima selbst tief prägte.

Die Schatten der Zikaden wurden dichter, während die Sonne langsam hinter den Hügeln verschwand. Das Zirpen schien plötzlich geheimnisvoller, wie eine unsichtbare Stimme, die Mia aufforderte, tiefer zu graben.

Sie wusste, dass die kommenden Tage sie auf eine Reise führen würden – eine Reise in die Vergangenheit, in eine Zeit voller Geheimnisse, Verzweiflung und Hoffnung.

Am nächsten Morgen erwachte Mia mit einem Gefühl, das zugleich schwer und aufregend war. Das Tagebuch ihres Großvaters lag auf dem kleinen Tisch neben ihrem Bett, als wolle es sie daran erinnern, dass es kein Zufall gewesen war, es zu finden. Sie nahm es behutsam in die Hände und öffnete die Seite, die sie am Vorabend zurückgelassen hatte.

Hidekis Worte zeichneten ein Bild von Unsicherheit und innerem Konflikt. Er hatte an einem geheimen Projekt gearbeitet, das offenbar weit mehr war als reine Wissenschaft. Je mehr Mia las, desto klarer wurde ihr, dass ihr Großvater zwischen seiner Leidenschaft für die Physik und der Last seiner Verantwortung hin- und hergerissen war.

Die Universität Hiroshima, an der Mia studierte, war ein Ort voller Gegensätze: Moderne Gebäude ragten neben alten Tempeln und Gedenkstätten empor, und die studentische Energie mischte sich mit einer tiefen historischen Erinnerung. Hier, inmitten von Alltag und Geschichte, begann Mia, ihre Nachforschungen anzustellen.

In der Bibliothek entdeckte sie alte Zeitungsartikel, Briefe und Akten, die von einem Forschungsprogramm berichteten, das in den frühen 1950er Jahren ins Leben gerufen worden war – ein Programm, das offiziell nie bestätigt wurde. Die Hinweise waren vage, fragmentarisch, aber sie zeigten einen verborgenen Teil von Hidekis Leben.

Während der heißen Nachmittage hörte Mia oft das Zirpen der Zikaden, das für sie zum Soundtrack ihrer Suche wurde. In diesen Klängen schien die Stadt selbst zu atmen und zu erzählen – von Verlust und Neuanfang, von Geheimnissen, die unter der Oberfläche lauerten.

An einem besonders schwülen Tag traf sie sich mit Professor Tanaka, einem älteren Wissenschaftler, der ihr Großvater einst gewesen sein musste bekannt. Tanaka sprach in ruhigem Ton, doch in seinen Augen lag die Traurigkeit eines Mannes, der zu viel gesehen hatte.

„Hideki war ein brillanter Geist," sagte er leise. „Aber manche Dinge, die wir erforschten, waren zu gefährlich, zu... zerbrechlich. Manchmal wünschte ich, wir könnten die Zeit zurückdrehen."

Mia fühlte, wie sich die Geschichte ihres Großvaters und ihre eigene Gegenwart verflochten. Es war eine Geschichte von Wissenschaft und Ethik, von Liebe und Verlust, und vor allem von den Schatten, die selbst die hellsten Ideen werfen können.

Als die Sonne unterging, saß sie wieder am Fenster, das Tagebuch geöffnet, und lauschte dem endlosen Zirpen der Zikaden. Es war, als würde die Vergangenheit ihr zuflüstern, dass die Wahrheit nicht nur im Verborgenen liegt, sondern auch im Mut, sie ans Licht zu holen.

Das Labor lag am südlichen Rand des Universitätscampus, versteckt zwischen zwei Betongebäuden, die aus einer vergangenen Ära stammten. Die Tür war alt, das Türschild verblasst: Institut für Theoretische Physik – Archiv. Nur wenige Studenten verirrten sich dorthin, und das schien auch so gewollt.

Mia hatte lange gezögert, bevor sie den Türgriff schließlich drückte. Der Raum roch nach Metall, alten Papieren und Staub. Die Luft war still, fast ehrfürchtig. Hier, dachte sie, war ihr Großvater einst durch dieselben Gänge gegangen. Vielleicht hatte er an diesem Tisch gesessen, an dieser Tafel geschrieben.

Sie setzte sich in einen der Holzdrehstühle und blätterte durch einige der Akten, die lose in Metallboxen gestapelt waren. Viele enthielten kryptische Notizen, Diagramme, handgezeichnete Versuchsaufbauten. Immer wieder tauchte ein Kürzel auf: Projekt Tsukiyomi.

Der Name kam ihr bekannt vor – Tsukiyomi war der Gott des Mondes in der japanischen Mythologie. Was hatte ein wissenschaftliches Projekt mit alten Göttern zu tun?

An diesem Abend kehrte Mia in ihre Wohnung zurück und legte das Tagebuch aufgeschlagen auf den Schreibtisch. Die Passage, die sie fand, war vom 7. August 1953:

„Der Prototyp hat reagiert. Wir haben zum ersten Mal eine isolierte Lichtwelle kontrollieren können. Ich spürte eine eigenartige Erschütterung in meinem Inneren, als wäre ich nicht nur Zeuge, sondern Teil eines größeren Zusammenhangs geworden. Ich fürchte, was wir berühren. Nicht wegen der Technik, sondern wegen dessen, was sie mit uns macht."

Die Handschrift zitterte leicht. Es war nicht mehr nur die präzise Schrift des Wissenschaftlers, sondern die eines Mannes, der an der Schwelle zu etwas Unbegreiflichem stand.

Mia legte das Tagebuch beiseite und sah hinaus in die Nacht. Die Zikaden sangen unermüdlich, als wollten sie verhindern, dass irgendetwas in Stille unterging. Sie dachte an die Schatten, die ihr Großvater erwähnt hatte. Nicht die Schatten von Dingen, sondern jene, die das Licht selbst wirft, wenn es zu intensiv wird.

In einem plötzlichen Impuls suchte sie in einem alten Karton mit Familiendokumenten, den sie von ihrer Mutter erhalten hatte. Zwischen Versicherungspapieren und alten Urkunden lag ein Foto, das sie noch nie zuvor gesehen hatte. Darauf: Hideki, deutlich jünger, in einem weißen Kittel, neben einem anderen Mann, der fast in den Hintergrund verschwamm. Auf der Rückseite stand nur:

„Kyoto, 1952."

Mia erinnerte sich: Kyoto. Die Wirtin Aiko hatte von einem jungen Physiker gesprochen, der für kurze Zeit bei ihr wohnte. Könnte das Hideki gewesen sein?

Der Gedanke ließ sie nicht los. Vielleicht war das Tagebuch nicht nur eine wissenschaftliche Aufzeichnung, sondern auch eine Spur durch das Japan ihrer Familie, verwoben mit anderen Schicksalen. Wie ein Netz aus Licht und Erinnerung.

Sie nahm das Buch wieder in die Hände. Die Seiten waren warm von der Abendsonne. Morgen würde sie den Namen „Projekt Tsukiyomi" in der Universitätsdatenbank eingeben. Irgendjemand hatte damals etwas verstecken wollen.

Aber auch jemand – Hideki – hatte es für sie aufgeschrieben.

Die Suche nach dem „Projekt Tsukiyomi" begann für Mia an einem grauen Vormittag in der Universitätsbibliothek. Die alten Rechner im Archivraum surrten leise vor sich hin, als würde auch in ihnen ein Hauch Geschichte wohnen. Mia tippte den Namen ein – Tsukiyomi – in Kombination mit Begriffen wie „Forschung", „Geheimprojekt" und „1950er".

Nichts.

Sie versuchte es auf Japanisch: 月読.

Ein einziger Treffer. Ein digitalisierter Ausschnitt aus einem alten Manuskript des RIKEN-Instituts, das Hiroshima in den Nachkriegsjahren kurzzeitig als Ausweichstandort genutzt hatte. Das Dokument war nicht öffentlich zugänglich. Mit einem leichten Ziehen in der Brust sah sie zur Tür des Archivars.

Herr Ishikawa war schon alt, sein Haar dünn wie Seidenpapier, seine Stimme kratzig wie getrockneter Bambus. Er hatte sie ein paar Mal gesehen, mit höflichem Nicken. Heute trat sie an seinen Schreibtisch, das Tagebuch fest unter dem Arm.

„Entschuldigen Sie, Ishikawa-sensei... Darf ich Ihnen etwas zeigen?"

Er hob langsam die Augenbrauen, als hätte er diese Bitte erwartet.

Mia schlug das Buch auf, zeigte ihm den Eintrag mit dem Datum vom 7. August 1953, und sagte leise: „Das Projekt Tsukiyomi. Mein Großvater hat daran gearbeitet. Gibt es eine Möglichkeit... vielleicht... dass ich mehr darüber erfahren kann?"

Der Alte schwieg. Seine Hände, mit Altersflecken übersät, strichen über das Papier, fast zärtlich.

„Verstehen Sie, was Sie da halten?" fragte er dann. Nicht prüfend, nicht vorwurfsvoll – sondern mit echtem Ernst.

Mia schüttelte leicht den Kopf. „Nur, dass es ihn verändert hat."

Später, in einem Nebenraum, reichte er ihr eine schwarze Mappe. Keine offizielle Akte. Keine Kopie. Nur lose Seiten, über Jahrzehnte gesammelt, heimlich aufbewahrt. Er sagte: „Sie können hier lesen. Aber nichts mitnehmen. Und Sie müssen mir versprechen, dass Sie niemandem davon erzählen – noch nicht."

Mia nickte. Ihr Herz schlug laut.

Das Projekt Tsukiyomi war ein Versuch gewesen, Lichtwellen mit kontrollierten magnetischen Feldern zu synchronisieren, um sogenannte „zeitlose Räume" zu schaffen – Mikrobereiche, in denen Energie ohne Verlust gespeichert werden konnte. Eine rein physikalische Idee, auf dem Papier harmlos, fast utopisch.

Aber in der Umsetzung – so schrieb ein Techniker im Jahr 1954 – kam es zu unvorhersehbaren Reaktionen. Subjektive Zeit veränderte sich in der Nähe des Prototyps. Pflanzen welkten oder wuchsen über Nacht. Menschen berichteten von Halluzinationen, Stimmen, „Lichtschatten".

Ein Satz in der Mappe war rot unterstrichen:
„Licht ohne Grenze wirft einen Schatten, der nicht vergeht."

Als sie die Mappe zurückgab, zitterten ihre Hände. Sie fühlte sich seltsam entkoppelt von der Welt um sie herum, als würde auch sie einen Schritt in diesen „zeitlosen Raum" gemacht haben.

„Glauben Sie," fragte sie Ishikawa, „dass mein Großvater... etwas bereut hat?"

Der Alte schaute sie lange an. Dann sagte er: „Er hat nicht bereut, was er verstand. Nur das, was er nicht verhindern konnte."

Am Abend ging Mia durch den Friedenspark von Hiroshima. Die Glaskuppel des Gedenkdoms spiegelte das letzte Licht der Sonne. Zikaden zirpten in endlosen Wellen. Es war August, genau wie damals.

Sie setzte sich auf eine der steinernen Bänke und schlug das Tagebuch erneut auf. Zwischen zwei Seiten war etwas eingeklemmt – ein kleines, verblichenes Foto. Sie hatte es vorher nicht bemerkt.

Darauf: Hideki, diesmal allein. Im Hintergrund ein unbekannter Raum mit gewölbter Decke, leuchtende Apparaturen, Kabel, Schatten. Auf der Rückseite stand nur ein Wort:

„Tokami."

Tokami war kein Ort, den man auf einer gewöhnlichen Karte fand. Mia saß in ihrem Zimmer und betrachtete das kleine Foto, das sie aus dem Tagebuch gezogen hatte. Der Name auf der Rückseite ließ ihr keine Ruhe. „Tokami" – war es ein Ort? Ein Deckname? Eine Person?

Sie gab den Namen in verschiedene Suchmaschinen ein, auf Japanisch, in Kanji, sogar als reine Silbenfolge. Ergebnisse gab es kaum. Ein einziger Eintrag in einem veralteten digitalen Archiv verwies auf eine verlassene Versuchsstation, etwa 30 Kilometer nordwestlich von Hiroshima, tief in den Bergen. Der Artikel war nur ein Absatz lang, aber es reichte:

„Tokami – ehemalige Beobachtungsstation der Nachkriegszeit, vermutlich zwischen 1951–55 genutzt. Keine offizielle Dokumentation vorhanden. Gebäude nicht mehr zugänglich."

Mia starrte auf den Bildschirm. Es war wie ein Echo. Ein Ort, der nie existieren durfte. Vielleicht hatte Hideki selbst dafür gesorgt, dass Tokami verschwand – und doch diesen Hinweis hinterlassen, für den Fall, dass irgendwann jemand ihn suchte.

Am nächsten Morgen fuhr sie mit einem alten Zug nordwärts, dann weiter mit dem Bus, bis sie an einem kleinen Bahnhof in den Bergen ankam. Von dort führte ein schmaler Weg in ein dicht bewaldetes Tal. Sie trug einen Rucksack mit Wasser, Notizbuch, Taschenlampe – und dem Tagebuch.

Der Wald war stiller als sie erwartet hatte. Das Zirpen der Zikaden, das sonst allgegenwärtig war, hatte hier eine andere Qualität. Tiefer. Vereinzelter. Als würde selbst der Klang vorsichtiger werden.

Nach fast zwei Stunden Fußmarsch tauchte hinter dichtem Geäst ein Betonbau auf – verwittert, halb überwachsen, aber noch erkennbar als ehemaliges Labor. Ein rostiges Schild war halb abgefallen. Kein Name. Kein Zeichen. Nur die leere Form einer Erinnerung.

Drinnen roch es nach altem Eisen, feuchtem Holz und etwas, das Mia nicht genau benennen konnte – wie zu lange unterdrückte Elektrizität. Der Hauptraum war leer bis auf einen verrosteten Versuchsrahmen. Kabel hingen von der Decke, und an einer Wand sah sie handgeschriebene Gleichungen – verblasst, aber vertraut.

Sie schlug das Tagebuch auf. Seite 134. Die Formeln stimmten überein. Hideki war hier gewesen. Hier hatte Tsukiyomi wirklich stattgefunden.

Mia trat näher an das Gerüst in der Mitte des Raumes. Ein merkwürdiges Gefühl überkam sie – nicht Furcht, sondern eine Art entrückter Stille. Sie sah ihre eigene Hand, wie sie sich bewegte, aber es wirkte eine Sekunde zu langsam. Oder war es ihr Verstand, der zu schnell arbeitete?

In einer Ecke des Raumes entdeckte sie ein altes Metallkästchen, verschlossen, aber leicht genug, um es mitzunehmen. Sie würde es später öffnen, wenn sie zurück in der Stadt war. Der Moment schien zu fragil, um ihn hier aufzubrechen.

Als sie den Raum verließ, schien die Sonne heller als zuvor. Das Grün des Waldes pulsierte, als atmete es mit ihr. Und für einen Augenblick – ganz kurz – glaubte sie, eine Gestalt am Rand der Bäume zu sehen. Eine hohe, schmale Silhouette, unbewegt.

Sie blinzelte. Niemand war da. Nur Schatten.

Oder war das der Moment, von dem ihr Großvater geschrieben hatte?

„Licht ohne Grenze wirft einen Schatten, der nicht vergeht."

Auf dem Rückweg summten die Zikaden wieder lauter. Sie waren überall. Doch das Gefühl, das sie nun begleiteten, war nicht das der Sommerroutine, sondern wie ein Chor aus Fragen.

Mia ging langsam. Hinter ihr lag ein Ort, der in keiner Karte stand. Vor ihr eine Geschichte, die ihr Leben verändern würde.

Die Rückfahrt nach Hiroshima verlief wie durch Watte. Mia lehnte den Kopf ans Zugfenster, das rhythmische Klappern der Gleise vermischte sich mit ihren Gedanken. Draußen zogen die Hügel vorbei, getaucht in Spätsommerlicht. Und obwohl der Himmel klar war, fühlte sie sich, als würde etwas aufziehen. Kein Wetter, sondern Erinnerung.

Das Metallkästchen lag in ihrem Rucksack, schwerer als es sein durfte. In ihr wuchs eine scheue Unruhe. Was, wenn darin nichts war? Oder schlimmer: etwas, das man besser vergessen hätte?

In ihrer Wohnung ließ sie sich Zeit. Kochen. Duschen. Dann, bei Nacht, setzte sie sich an ihren Schreibtisch. Eine leise Brise ließ die Vorhänge flattern. Die Zikaden sangen noch, aber ihr Rhythmus hatte sich verändert – als wäre ein neues Lied in der Luft.

Langsam öffnete sie das Kästchen.

Innen lag ein Bündel Papiere, sorgfältig mit einer schwarzen Kordel verschnürt. Daneben: ein kleines Glasröhrchen mit einem hellblauen Pulver, fast durchsichtig, wie eingefrorenes Licht.

Mia zog die Dokumente hervor. Sie waren in Hidekis Handschrift verfasst, klar, ruhig, fast zärtlich. Keine Formeln diesmal. Nur Gedanken. Fragmente. Briefe, die nie verschickt wurden.

„An Aiko."
„Ich schreibe dir aus einem Raum, den es bald nicht mehr geben wird. Vielleicht hast du gespürt, was wir hier tun – oder was wir verloren haben. Das Licht, das wir gesucht haben, hat uns verändert. Nicht unsere Körper, sondern unsere Zeit. Ich höre jetzt Stimmen, die wie Echos aus anderen Tagen klingen. Ich glaube, ich sehe auch deine."

Mia stockte. Aiko – die Wirtin aus Kyoto. Also war es wahr. Ihr Großvater hatte sie einst geliebt.

Und dann folgte ein anderer Brief, adressiert an niemanden:

„Was ist Erinnerung? Wenn man sie manipulieren kann – wenn Zeit nicht linear ist – bedeutet das, dass wir Menschen auch nicht mehr sind, was wir glauben? Ich habe einen Fehler gemacht. Ich habe gedacht, ich könne das Licht verstehen, ohne mich selbst zu verlieren. Aber das Licht hat seine eigene Sprache."

Am Ende des Stapels: eine Karte. Handgezeichnet. Hiroshima. Drei Kreise eingezeichnet: ihre Universität, der Friedenspark – und ein dritter Punkt, an einem Ort, den sie nicht kannte.

Dort war ein Wort eingetragen, in schwarzer Tinte, mit zitternder Hand: „Echosphäre"

Mia legte die Papiere behutsam auf das Bett. Der Begriff war ihr noch nie begegnet. Sie nahm ihr Notizbuch, zeichnete die Karte ab und beschloss, am nächsten Morgen dorthin zu gehen – wohin auch immer dieser dritte Punkt sie führte.

In der Nacht konnte sie nicht schlafen. Immer wieder hörte sie das leise Klicken des Glasröhrchens im Kästchen, als würde etwas darin atmen. Und draußen, zwischen dem Zirpen der Zikaden, glaubte sie kurz, ein Flüstern zu hören – kaum lauter als der Wind.

Der nächste Morgen war von einer eigentümlichen Klarheit. Kein Dunst, keine Hitze, die den Himmel flimmern ließ – nur reines, stilles Licht, das die Stadt fast wie ein Gemälde erscheinen ließ. Hiroshima war leise. Als wäre auch sie auf etwas gefasst.

Mia nahm den Weg zu Fuß. Sie hatte den dritten Punkt auf Hidekis Karte mit einem Bleistiftstrich auf ihrem Stadtplan markiert. Es war ein Ort, den sie nie zuvor betreten hatte: ein kleiner Hügel nördlich des Flusses, hinter einem alten, fast vergessenen Schrein. Keine touristische Route. Kein Schild. Nur ein schmaler Pfad, von wildem Gras halb verschluckt.

Der Hügel war steiler, als er aussah. Als sie die Stufen des Schreins hinter sich ließ, führte der Weg durch eine Baumallee, so dicht, dass das Licht nur in goldenen Streifen durch das Blätterdach fiel. Dann, plötzlich, öffnete sich die Lichtung.

Ein einfacher Platz, kaum größer als ein Klassenzimmer. Mitten darin ein verlassener Pavillon aus Holz, verwittert, grau. Keine Fenster, nur eine Schiebetür, die schräg in den Angeln hing. Und auf dem Boden davor – eingelassen in den Stein – ein Symbol: ein Kreis mit sieben konzentrischen Linien darin. Kein Kanji. Kein erklärendes Schild.

Mia erkannte es aus dem Tagebuch.

Dies war die Echosphäre.

Sie trat ein. Der Raum war leer bis auf eine Bank, und an der hinteren Wand sah sie verblasste Schriftzeichen. Alte Tinte, verwischt, wie von Zeit selbst fortgetragen. Und doch konnte sie Teile lesen:

„Nicht die Zeit vergeht, sondern wir."

„Wer hier sitzt, hört sich doppelt."

„Das Licht erinnert sich an alles."

Sie setzte sich langsam auf die Bank, legte das Tagebuch neben sich und schloss für einen Moment die Augen. Und was sie dann hörte, war zuerst nur Stille – so vollkommen, dass selbst ihre eigenen Atemzüge wie ein entferntes Echo klangen.

Dann: ein Rascheln. Ein Flüstern. Kein Wind.

Es war ihre eigene Stimme, aber älter, weicher. Nicht gesprochen, sondern geträumt. Wörter wie aus Dämmerung geschnitten.

„Du bist gekommen. Wie ich gehofft habe.“

Mia öffnete die Augen. Der Raum war unverändert. Doch etwas hatte sich verschoben. Ein Schatten war da – nicht außerhalb, sondern in ihr. Kein dunkler Schatten, sondern eine Art Erinnerung, die nie ihre war. Sie wusste nicht, wie lange sie dort gesessen hatte, nur, dass sie mit dem Gefühl aufstand, als hätte sie etwas berührt, das sie nie begreifen konnte – und doch vertraut war.

Als sie ging, drehte sie sich ein letztes Mal um. Die Linien im Boden wirkten heller. Und zwischen den Zikaden, die wieder sangen, hörte sie für den Bruchteil eines Moments das Lachen eines Kindes – leicht, fern, vergangen.

Zurück in ihrer Wohnung war es früher Nachmittag. Die Luft stand still. Auf dem Schreibtisch lag das Glasröhrchen, das blaue Pulver funkelte im Licht. Sie stellte es aufrecht. Betrachtete es lange.

Und sie dachte an Hideki. An Aiko. An alle, die vergessen hatten, dass das, was vergeht, nicht verloren ist – sondern manchmal nur wartet, auf eine stille Rückkehr.

Mia konnte nicht mehr schlafen.

Seit dem Besuch in der Echosphäre hatte sich etwas in ihr verändert. Keine äußeren Zeichen, keine Wunden – nur ein Gefühl von Durchlässigkeit. Als wäre eine Membran durchstoßen worden, zwischen der Gegenwart und etwas, das darunter lag, wartend.

In der Nacht saß sie an ihrem Schreibtisch, das Tagebuch ihres Großvaters geöffnet, das Glasröhrchen im Halbschatten. Sie streifte mit den Fingern über eine Passage, die sie zuvor überlesen hatte:

„Die Substanz hat kein Gewicht, aber sie trägt Erinnerung. Vielleicht ist es das: keine Zeitreise, sondern eine Resonanz."

Was, wenn Tsukiyomi kein klassisches Experiment war, keine Maschine, sondern eine Formel, ein Prinzip? Kein Versuch, die Zeit zu biegen – sondern sie hörbar zu machen?

Am nächsten Tag betrat sie den alten Physiksaal ihrer Universität. Sie hatte sich als einzige für ein Freistudium eingeschrieben, was bedeutete: keine Seminare, keine Pflichtveranstaltungen – nur Projekte, Forschung, Stille. Der Raum war leer, bis auf das Rauschen der Lüftung. Sie schloss die Tür hinter sich, stellte das Glasröhrchen auf den Labortisch und begann, die Formeln aus dem Tagebuch abzuschreiben.

Mit jeder Zeile, die sie notierte, entstand etwas Eigenes. Nicht nur eine Kopie von Hidekis Gedanken – sondern eine Brücke zwischen ihm und ihr. Zwischen dem, was er begann, und dem, was nun folgte.

Mia holte ihre kleine tragbare Kamera hervor und filmte sich dabei, wie sie sprach – laut, ruhig, an niemand Bestimmten.

„Ich glaube nicht mehr an die Linearität der Zeit. Nicht, weil ich eine Fantasie habe. Sondern weil es Momente gibt, in denen sich etwas erinnert, das nicht mehr da ist. Vielleicht sind wir Teil eines größeren Gedächtnisses – wie Zellen in einem Körper, der träumt."

Sie lächelte leicht. Es war kein trauriges Lächeln, sondern das einer Entdeckung. Eines Beginns.

Am Abend rief sie ihre Mutter an. Zum ersten Mal seit Wochen. Sie sprachen über Alltägliches: den Garten, die Zikaden, den leichten Regen, der gekommen war. Nichts von Hideki. Nichts von Tokami. Nur das beruhigende Geräusch einer vertrauten Stimme. Doch als das Gespräch endete, sagte ihre Mutter plötzlich:

„Du klingst... älter. Nicht müde, aber anders. Ist alles in Ordnung?"

Mia zögerte. Dann sagte sie nur:
„Ja, ich glaube, ich beginne zu verstehen."

In der Nacht träumte sie von Wasser. Von einer kleinen Holzhütte am Flussufer, in der jemand – sie wusste nicht wer – aus Licht ein Wort schnitt: Zuhören.

Sie erwachte kurz nach vier. Und wusste: Es war Zeit, das Experiment zu beenden – oder zu beginnen. Nicht mit Maschinen. Sondern mit Bewusstsein.

Mit sich selbst.

Der Tag war blass, fast durchsichtig, als Mia zum Flussufer ging. Sie trug das Tagebuch, das Glasröhrchen, ihre Kamera. Die Luft war warm, aber der Wind trug die erste Ahnung des Herbstes in sich – kaum spürbar, eher wie ein fernes Versprechen.

Sie setzte sich ans Wasser, dorthin, wo die alten Steine einen Kreis bildeten, wie zufällig. Sie wusste, dass ihr Großvater oft hier gesessen hatte. Das hatte sie ihrer Mutter entlocken können, beiläufig, zwischen Sätzen über Tee und Nachbarn.

„Er war still hier. Als würde er auf etwas warten."

Jetzt war sie es, die wartete.

Sie stellte das Röhrchen auf einen der Steine, die Kamera direkt davor. Dann atmete sie tief durch und sagte in die Stille:

„Ich bin da."

Keine Antwort. Natürlich nicht.

Und doch – das Licht schien sich zu verändern. Die Wasseroberfläche schimmerte nicht mehr bloß, sie vibrierte. Nur leicht. Als würde sich unter der Zeit eine zweite Zeit regen. Ein unteres Echo.

Mia schloss die Augen. Und ließ das Blau auf sich wirken.

Sie erinnerte sich nicht an alles auf einmal. Es war kein Film, kein Durchbruch. Es war mehr wie eine Welle, die unter ihr hindurchrollte. Erinnerungen, die nicht ihre waren – oder doch? Fragmente:

– Ein Mann in einem Raum aus Beton, der in die Stille schreibt.
– Eine Frau in Kyoto, die Papier faltet, als würde sie damit Wunden heilen.
– Ein Kind, das in einem Hof spielt, während Zikaden lärmen.
– Eine Linie aus Licht, gezogen durch Jahrzehnte, nicht als Richtung, sondern als Form.

Tsukiyomi war kein Projekt. Es war ein Gedächtnis.

Als sie die Augen wieder öffnete, war nichts verändert – und doch alles. Das Röhrchen war leer. Das Pulver – aufgelöst? Freigesetzt? Vielleicht war es nie eine Substanz gewesen, sondern ein Schlüssel. Ein Symbol. Ein Fokus.

Mia nahm ihre Kamera und sprach, leise:

„Ich glaube, mein Großvater hat verstanden, was viele nicht sehen wollten. Dass die Dinge nicht verschwinden. Sie wandeln sich. Erinnerungen, Licht, Stimmen. Wir gehen nicht zurück – aber manchmal hören wir vorwärts."

Sie blickte zum Himmel. Eine einzige Wolke zog langsam vorbei, wie ein Gedanke, der sich nicht festhalten ließ.

Am Abend schrieb sie zum letzten Mal in das Tagebuch:

„Ich danke dir, Hideki. Für das, was du nicht sagen konntest. Für das, was zwischen den Seiten lebt. Ich werde nicht versuchen, das Licht zu kontrollieren. Aber ich werde lernen, ihm zuzuhören."

Dann stellte sie es zurück ins Regal. Nicht versteckt. Sondern bereit.

Epilog

Zwei Wochen später erhielt sie einen Brief – ohne Absender. Darin: ein Foto. Schwarzweiß. Eine Frau in einem Kimono, vor einem Pavillon im Schnee.

Auf der Rückseite stand nur:

„Kyoto, 1963. Aiko."

Und plötzlich wusste sie, dass Geschichte kein Kreis ist, sondern ein Fluss – und manchmal, an ganz stillen Stellen, kehrt das Wasser zurück.

SECHS

„OKINAWA – DIE TIEFE"

Shōji Arakawa stand in der Dämmerung am Rand des kleinen Fischerei-
hafens von Itoman, wo das Licht der Morgendämmerung kaum reichte,
um die Konturen der Boote von ihren Spiegelbildern im Wasser zu un-
terscheiden. Die Luft war feucht und schwer vom Geruch nach Salz,
Tang und Diesel. Kein Laut drang aus den Häusern hinter ihm. Nur das
rhythmische Klacken der Taue gegen die Metallösen, das gelegentliche
Knarren der Planken unter der Last der Stille – als würde die ganze
Bucht den Atem anhalten.

Er war wach, lange bevor sein Wecker ihn hätte rufen können. In seinem
Körper zitterte ein Rest Schlaflosigkeit, doch sein Geist war klar – zu
klar. Shōji wusste, dass es nichts brachte, im Bett zu warten, während
sich in seinem Kopf die Gedanken drehten wie ein Wirbel im Wasser.
Solche Nächte hatte er oft vor einem Einsatz. Der Schlaf wich dann einer
ruhelosen Klarheit, einem Gefühl, dass etwas kommen würde, das nicht
nur seine körperliche Kraft fordern würde, sondern seine ganze Wahr-
nehmung.

Seit er die Nachricht von Professor Morita erhalten hatte, lastete etwas
auf ihm. Kein konkreter Druck, sondern ein schleichendes Gefühl, als
hätte man einen alten Namen genannt, den man vergessen wollte. Es
war die Art von Auftrag, die nie offen ausgesprochen wurde, sondern
zwischen den Zeilen atmete. Ein Ort auf dem Meeresgrund, südlich von
Yonaguni, in der Nähe jener seltsamen Unterwasserformation, die seit
Jahrzehnten Archäologen und Verschwörungstheoretiker gleicherma-
ßen beschäftigte. Eine Struktur im Fels, hatte Morita geschrieben. Keine
offizielle Karte erfasste sie. Und niemand konnte sagen, ob sie uralt war
– oder gerade erst entstanden.

Shōji kannte solche Orte. In seiner Laufbahn als Spezialtaucher war er Dingen begegnet, die nicht ins Schema passten. Geometrische Regelmäßigkeit, wo nur Chaos sein sollte. Schatten, die sich bewegten, obwohl es keine Quelle für Bewegung gab. Geräusche unter Wasser, die nicht aus Maschinen oder Tieren stammten. Manche nannten das Paranoia, andere Imagination. Für Shōji war es einfach Realität – die Tiefe hatte ihre eigenen Regeln, und man tat gut daran, sie nicht zu missachten.

Er setzte sich auf einen umgekippten Netzkorb und zog sich langsam die dicken Stulpen über die Unterarme. Der Stoff fühlte sich vertraut an, wie die Berührung eines alten Bekannten. In der Ferne krähten Möwen, aber ihr Laut war matt, fast zögerlich. Als würde selbst die Natur sich nicht sicher sein, ob sie heute etwas wecken sollte.

Sein Blick wanderte über das Wasser hinaus, dorthin, wo das Dunkel sich mit dem Horizont verband. Ein dunkles Band lag zwischen Himmel und Meer, wie ein Versprechen – oder eine Warnung. Seit Tagen träumte Shōji von einem Geräusch, das er nicht zuordnen konnte. Ein Summen, ein Zittern, wie von Glas, das in unsichtbarer Spannung stand. Es war kein Albtraum. Es war eher… ein Signal. Und es hatte ihn geweckt. Immer wieder.

Mit 43 war Shōji kein junger Mann mehr, aber er hatte sich eine körperliche Ruhe bewahrt, die anderen auffiel. Seine Bewegungen waren geschmeidig, sein Blick still. In den wenigen Bars, die er gelegentlich besuchte, nannten ihn die anderen nur „den Leisen". Er lachte selten, sprach langsam und nie überflüssig. Doch wer ihn kannte – und das waren nur wenige – wusste, dass seine Stille nicht Leere bedeutete. Sie war Beobachtung. Warten. Rückhalt.

Seit dem Tod seiner Schwester hatte sich etwas in ihm verschoben. Kiyomi war damals 34 gewesen, Ingenieurin auf einer mobilen Bohrplattform nördlich von Hokkaidō. Ein Unfall. Eine Explosion. Technisches Versagen. So stand es in dem Bericht, den man ihm zeigte. Doch der Bericht erklärte nicht, warum ihr letzter Anruf ihm galt – und warum sie mit zitternder Stimme nur ein Wort gesagt hatte, bevor die Leitung abbrach: „Rinne."

Er hatte es nie vergessen. Es war wie eine Naht, die sich nicht schließen ließ.

Jetzt, hier in Itoman, spürte er ein Echo dieser Unruhe. Nicht als Schmerz, sondern als Vorahnung.

Er trat ans Boot, das er für den heutigen Tauchgang gemietet hatte – ein schmales, wendiges Arbeitsboot mit stabiler Plattform, ausgerüstet mit allem, was man für eine Tieftauchoperation brauchte. Der Dieselmotor schnurrte leise vor sich hin, ein dumpfes, mechanisches Atmen. Die Geräte lagen bereit: Doppeltanks mit 300 Bar, zwei Atemregler, Sicherungsschläuche, ein Notfallseil, die Markerboje. Shōji kontrollierte alles noch einmal sorgfältig. Er hatte gelernt, dass selbst die kleinste Nachlässigkeit unter Wasser tödlich sein konnte – nicht immer sofort, aber irgendwann. Und irgendwann war im Meer immer jetzt.

Er legte die Hand auf die Reling und schloss die Augen. Für einen Moment war er wieder jung. Zwanzig Jahre alt, das erste Mal in 60 Metern Tiefe, ein verlassener U-Boot-Schacht nahe Kagoshima. Damals hatte er zum ersten Mal das Gefühl gehabt, dass die Welt unter Wasser nicht bloß eine Fortsetzung der Oberfläche war, sondern etwas Eigenes. Eine Dimension, die kein Licht verstand, aber jede Erinnerung bewahrte.

Er öffnete die Augen. Der Morgen war da – leise, grau, fast scheu.

Und er wusste: Heute würde er etwas sehen, das nicht vergessen werden wollte.

Das Boot hatte den Hafen längst verlassen. Die Küstenlinie Okinawas war nur noch ein blasser Streifen am Horizont, das offene Meer dehnte sich in alle Richtungen aus wie eine atmende Fläche, schwer und unbewegt. Shōji stand am Bug, die Hände in den Neoprenanzug gekrallt, das Gesicht gegen den Wind gewandt. In seinem Inneren begann sich etwas zu rühren – nicht Angst, nicht Vorfreude, sondern diese feine, vibrierende Unruhe, die nur kam, wenn etwas bevorstand, das größer war als die eigene Vorstellung

Er überprüfte ein letztes Mal den Tauchcomputer. Tiefe programmiert: maximal 70 Meter. Zeitlimit: 35 Minuten. Es war ein Limit, das Spielraum ließ – aber kein Versprechen.

Dann glitt er ins Wasser.

Der Moment des Eintauchens war für ihn jedes Mal wie ein Übergang zwischen Welten. Das Rauschen der Luft wich der Dämpfung des Wassers, das Licht zerbrach in schimmernde Splitter, die Schwerkraft wurde abgelöst von einem lautlosen Schweben. Mit kontrollierten Bewegungen begann er den Abstieg.

20 Meter. Der Druck begann zu greifen, nicht aggressiv, sondern wie eine unsichtbare Hand, die sich langsam auf den Brustkorb legte. Shōji atmete ruhig, gleichmäßig. Jede Luftblase, die aus dem Atemregler stieg, klang wie eine Sprache, die nur das Meer verstand.

40 Meter. Die Farben verblassten, wurden zu Blautönen, dann zu Grau. Formen verloren ihre Schärfe. Geräusche, die es nicht geben konnte, hallten in der Tiefe wider – ein fernes Flimmern, ein Echo, das keinen Ursprung hatte. Er war allein.

Bei 55 Metern tauchte die Struktur vor ihm auf. Zuerst nur ein Schatten, dann klarer: ein symmetrischer Block, eingebettet in das unregelmäßige Relief des Meeresbodens. Zu regelmäßig, um natürlich zu sein. Zu still, um belebt zu wirken. Die Oberfläche schimmerte schwach, obwohl kein Licht sie traf. Als er näher kam, erkannte er, dass der Stein nicht bloß glatt war – er war makellos. Kein Bewuchs, keine Algen, keine Spur von Erosion.

Dann sah er es: das Objekt.

Rund. Schwarz. In der Wand eingelassen, als wäre es dort gewachsen. Kein Rand, keine Fassung. Einfach da. Shōji hielt inne, ließ sich im Wasser treiben, während seine Gedanken taumelten. Es war, als würde das Ding ihn beobachten. Kein Auge, keine Linse – und doch: ein Blick, der nicht aus ihm kam.

Er näherte sich langsam, streckte eine Hand aus. Die Fingerspitzen berührten das Material – glatt wie Glas, aber mit einer Tiefe, die seine Berührung nicht erreichte. In dem Moment begann das Summen wieder. Nicht laut. Eher wie ein Nachklang in den Knochen. Und plötzlich erinnerte er sich:

Kiyomi. Ihr letzter Geburtstag. Die kleine Hütte am Meer, das offene Fenster, das Lachen, das wie eine Glaskugel im Raum schwebte. Und der Moment, als sie ihm sagte, dass sie sich manchmal frage, ob Wasser Gedanken speichern könne.

„Wie ein Gedächtnis ohne Sprache", hatte sie gesagt.

Er wich zurück. Der Druck in seinem Kopf nahm zu, nicht vom Wasser, sondern von der Erinnerung. Seine Hände zitterten, aber seine Atmung blieb ruhig. Das Training übernahm.

Dann sah er den Riss.

Ein schmaler Spalt in der Felsformation, kaum sichtbar. Er zog sich senkrecht durch den glatten Stein, wie mit einem Messer geschnitten. Shōji näherte sich, vorsichtig, das Licht seiner Lampe auf den Spalt gerichtet. Kein Bewuchs. Kein Sediment. Nur Tiefe.

Er legte die Hand darauf.

Und plötzlich war da Wärme.

Nicht von außen. Von innen. Ein Pulsieren, das unter seiner Handfläche vibrierte wie ein Herzschlag – ruhig, regelmäßig, uralt.

Der Spalt begann, sich zu öffnen. Nicht ruckartig. Sondern wie ein Atmen, das auf ihn reagierte.

Ein kaltes Licht sickerte heraus. Blassblau, fast silbern. Und wieder dieses Geräusch – nicht laut, nicht definiert. Wie der Flügelschlag eines Vogels unter Wasser. Wie ein Gedanke, der zu lange geschwiegen hatte.

Shōji zögerte. Ein Teil von ihm wollte zurück. Der andere trat vor.

Er glitt hinein.

Der Tunnel war schmal, aber nicht beengend. Die Wände waren aus dem gleichen Material wie das Objekt – glatt, unnatürlich, leise vibrierend. Das Licht begleitete ihn, aber ohne Quelle. Er wusste nicht, wie tief er bereits war. Der Computer zeigte Werte, die sich nicht einordnen ließen. Ein Zittern ging durch seinen Körper, nicht von außen, sondern aus dem Zentrum seiner Wahrnehmung. Ein Moment völliger Stille.

Dann begann das Flimmern.

Bilder, die keine waren. Ein Gesicht. Eine Landschaft. Ein Satz: „Du erinnerst dich, obwohl du nie hier warst."

Und mit einem Mal wusste er, dass dies kein Ort war. Es war ein Zustand.

Die Sonne stand bereits hoch, als Shōji den Strand erreichte. Der Tauchgang lag Stunden zurück, aber der Nachhall der Tiefe vibrierte noch immer in seinem Körper. Seine Bewegungen waren langsam, tastend. Die Welt schien verändert – zu laut, zu hell, zu unübersichtlich. Er spürte das Meer in seinen Knochen. Nicht als Kälte, sondern als Stille, die in ihm geblieben war.

Der Sand unter seinen Füßen war warm, aber unbeständig. Jeder Schritt hinterließ eine Spur, die gleich wieder verschwand. Vor ihm: die offene Bucht, ruhig, glitzernd, harmlos. Und dort – eine Silhouette. Eine Frau.

Sie stand da, als hätte sie auf ihn gewartet. Kein Schatten fiel über ihr Gesicht. Ihr Kleid war schlicht, ein helles Leinen, das im Wind flatterte. In ihren Händen: ein Notizbuch. Ihr Blick ruhte auf dem Meer, doch als er näherkam, wandte sie sich ihm zu – ruhig, bestimmt, ohne Überraschung.

„Shōji Arakawa", sagte sie, ohne zu zögern. Ihre Stimme war klar und warm, mit einem Unterton, der etwas Beruhigendes hatte – wie das erste Licht nach einem Sturm.

„Ja", antwortete er vorsichtig. „Und du bist?"

„Mika."

Sie machte einen Schritt auf ihn zu, der Sand unter ihren Füßen rutschte leicht nach. „Ich wusste, dass wir uns begegnen würden."

Shōji blieb stehen. Seine Hände hingen locker an den Seiten, doch sein Blick war wachsam. „Woher?"

Mika öffnete das Notizbuch. Die Seiten waren voller Skizzen, Notizen, unleserlicher Zahlen. Dann zeigte sie ihm eine Zeichnung – das Objekt. Oval, tiefschwarz, mit dem Riss an der Seite. „Ich habe davon geträumt, bevor ich wusste, dass es real ist."

Shōji sah sie lange an. „Was ist das?"

Sie schloss das Buch wieder und hielt es mit beiden Händen fest. „Ich weiß es nicht genau. Aber es gibt Hinweise – in alten Texten, in den Mythen der Ryūkyū-Inseln. Sie sprechen von einer Tiefe, die nicht nur Meer bedeutet. Von Erinnerungen, die wandern. Von Dingen, die nicht vergessen, sondern warten."

„Worauf?"

„Auf uns. Auf jemanden, der bereit ist zu hören."

Shōji schwieg.

Dann sagte er: „Ich habe es gesehen. Ich war dort. In der Struktur."

Mikas Augen weiteten sich kaum merklich. „Und hast du etwas mitgebracht?"

Er schüttelte den Kopf. „Nur Fragen. Und… ein Gefühl, dass etwas durch mich hindurchgegangen ist. Wie Licht durch Wasser."

Sie nickte, als hätte sie genau das erwartet. „Ich glaube, das ist der Anfang."

Gemeinsam setzten sie sich auf einen flachen Felsen oberhalb des Strandes. Die Wellen schlugen sanft an den Uferkies. Möwen kreisten in der Ferne. Mika erzählte.

Sie war Ethnologin, hatte in Tōkyō und später in Okinawa geforscht. Über Überlieferungen, alte Riten, vor allem aber: über das Schweigen in der mündlichen Geschichte. „Es gibt Legenden, die verschwinden, wenn man sie zu oft erzählt", sagte sie. „Und welche, die wachsen, wenn man sie hört, ohne sie zu hinterfragen."

Sie sprach von uralten Liedern, die nur bei Neumond gesungen wurden. Von Inselbewohnern, die nicht mehr tauchten, seit ein Mann aus der Tiefe mit leeren Augen zurückkam. Von Steinen, die bluten, wenn man sie zu lange anblickt. Geschichten, die als Aberglaube galten – aber alle ein Motiv teilten: die schwarze Form.

„Es gibt ein Symbol, das immer wieder auftaucht", sagte sie. „Ein verschlungenes Zeichen, wie ein verdrehtes 'S'. Es bedeutet in manchen Dialekten: ,die andere Richtung'. Manchmal: ,das Verborgene'."

Shōji hörte schweigend zu. Er erinnerte sich an das Zeichen. Es war auf dem Kasten gewesen, in der Tiefe. Auf dem Foto, das er anonym erhalten hatte. Auf dem Objekt.

„Was, wenn es nicht nur ein Artefakt ist?", fragte Mika leise. „Sondern ein Speicher. Für Gedanken. Für Geschichte."

„Oder für Schuld", sagte Shōji.

Mika sah ihn an. Ihre Augen waren ruhig, fast traurig. „Vielleicht. Aber Schuld ist auch Erinnerung."

Sie schwiegen eine Weile. Dann sagte sie: „Ich hatte einen Bruder. Er war Taucher, wie du. Vor drei Jahren verschollen. Man fand nur seinen Computer. Die Daten waren… leer. Aber er hatte vorher gesagt, er habe etwas gehört – tief unten. Wie ein Lied."

Shōji spürte, wie sich etwas in ihm zusammenzog. Der Ton. Das Summen. Die Träume. Die Verbindung war mehr als Zufall.

„Ich glaube nicht an Zufälle", murmelte er.

Mika legte das Notizbuch in den Sand. „Deshalb bin ich hier. Deshalb du. Nicht der Professor. Nicht irgendein Forscher. Du."

Er betrachtete ihre Hände – schmal, ruhig, mit kleinen Narben an den Knöcheln. Wie die Hände einer, die viel geschrieben hatte. Oder gegraben.

„Was willst du von mir?", fragte er schließlich.

„Dass du zurückgehst. Und dieses Mal – nimm etwas mit. Nicht für mich. Für dich."

Er nickte.

„Und wenn ich etwas finde?", fragte er.

„Dann wirst du es wissen. Weil es dich erkennen wird."

Die Sonne brannte inzwischen heiß auf die Haut. Doch in Shōji regte sich etwas Kaltes. Nicht als Bedrohung. Sondern als Tiefe.

Die Nacht war klar, kühl und regungslos. Kein Wind kräuselte das Meer. Die Sterne spiegelten sich in der Oberfläche, als hätten sie sich auf dem Wasser niedergelegt, um zu schlafen.

Shōji stand wieder am Rand des Bootes. Seine Ausrüstung war identisch mit der vom letzten Mal – bis auf eine kleine schwarze Schatulle, die Mika ihm mitgegeben hatte. „Nur öffnen, wenn du es fühlst", hatte sie gesagt. Kein Schlüssel, kein Schloss. Nur das Gewicht in seiner Tasche. Ein Talisman. Oder ein Prüfstein.

Der Motor des Bootes verstummte. Sie hatten die Koordinaten erreicht. Dieselbe Stelle. Dieselbe Tiefe.

Shōji atmete tief durch, dann sprang er.

Der Aufprall auf das Wasser war sanft, fast meditativ. Es gab keinen Schock, keine Reibung – nur das sofortige Einsinken in die Kühle des Ozeans. Die Welt über ihm verlor sich rasch, wurde zu einem zerbrechlichen Schleier aus Licht. Der Abstieg begann.

20 Meter. 35 Meter. 50.

Das vertraute Summen kam früher diesmal, als hätte es auf ihn gewartet. Es schien nicht mehr nur in seinem Körper zu vibrieren, sondern auch in seiner Erinnerung. Einzelne Bilder flackerten auf – Kiyomi in einem roten Kleid, tanzend im Regen. Ihr Lachen in der Küche. Das Geräusch einer alten Musikkassette, die zurückgespult wurde. Und dann wieder: das Wort.

„Rinne."

Er sprach es im Kopf, und sofort verstärkte sich das Summen. Fast wie eine Antwort.

Als er die Formation erreichte, war sie verändert.

Der Riss war offen. Weiter als zuvor. Die Strukturen wirkten nicht mehr passiv, sondern... wach. Als hätte seine Berührung sie aktiviert. Über die glatten Oberflächen liefen feine Linien – keine Risse, sondern wie Adern. Sie pulsierten schwach.

Shōji glitt in den Spalt.

Der Tunnel hatte sich verändert. Die glatte Wand wirkte organisch. Das Licht war nicht mehr bläulich, sondern irisierend – wie das Innere einer

Muschel. In ihm spiegelten sich Schatten, die sich bewegten, obwohl es keine Quelle gab.

Nach wenigen Metern weitete sich der Gang zu einer Kammer.

Sie war groß, rund, und still. Der Boden bestand aus derselben dunklen, glasartigen Substanz. In der Mitte: ein erhöhter Sockel. Darauf: das Objekt. Dieses Mal war es größer. Oder er war kleiner geworden.

Shōji näherte sich. Jede Bewegung kostete Überwindung – nicht wegen des Drucks, sondern wegen der Dichte der Eindrücke. Geräusche, die keine waren. Bilder, die keine Herkunft hatten. Eine Hitze, die nicht brannte.

Er legte die Hand auf das Objekt.

Und die Welt zerfiel.

Er fiel nicht – er wurde gefallen. Wie in einen Spiegel, der nach innen stürzte.

Als er die Augen öffnete, war er in einer anderen Welt. Kein Wasser. Kein Gewicht. Nur Licht. Und eine Stimme.

„Willkommen."

Er drehte sich. Vor ihm stand eine Frau.

Nicht Mika. Nicht Kiyomi. Und doch: Beides. Sie trug ein Kleid aus Licht, das sich mit jedem Atemzug veränderte. Ihr Gesicht war klar, aber nicht fixierbar. Als würde es sich aus den Erinnerungen formen, die in ihm verborgen lagen.

„Was bist du?", fragte er.

„Ich bin Erinnerung. Nicht deine. Nicht meine. Aber wir haben uns gewählt."

Sie reichte ihm die Hand. Er zögerte – dann nahm er sie.

„Du trägst etwas in dir, das gehört werden muss", sagte sie.

„Kiyomi", flüsterte er.

Die Gestalt lächelte traurig. „Sie war bereit. Du nicht."

„Was ist das Objekt?"

„Ein Empfänger. Ein Filter. Ein Echo."

„Warum ich?"

„Weil du getragen hast, was andere verdrängen. Weil du leer genug bist, um zu erinnern, ohne zu bewerten."

Er spürte, wie sich die Welt wieder veränderte. Die Kammer schloss sich um ihn. Das Objekt pulsierte.

Er öffnete die kleine schwarze Schatulle.

Darin: ein Stein. Schwarz. Unscheinbar. Und doch – als er ihn auf den Sockel legte, verstummte das Summen.

Stille. Reine, vollkommene Stille.

Dann: ein Lichtstrahl. Von oben. Durch das Wasser. Unmöglich. Und doch real. Er fiel auf den Stein, der zu leuchten begann. Zeichen erschienen auf der Oberfläche – verschlungene Linien, wie Schrift, aber fließend. Eine Sprache, die nicht gelesen, sondern gespürt wurde.

Und dann hörte er es – nicht mit den Ohren, sondern in seinem Inneren. Eine Stimme. Keine Worte. Nur ein Gedanke:

„Erinnere dich – und bewahre."

Shōji wusste: Das war kein Fund. Es war eine Verantwortung.

Er ließ sich zurück nach oben treiben. Der Weg war lang. Nicht wegen der Tiefe – sondern wegen dem, was sich nun in ihm eingenistet hatte.

Er war nicht mehr derselbe.

Und er war nicht allein.

Der Aufstieg war langsam, beinahe feierlich. Shōji trieb durch die Wassersäulen wie durch Erinnerungen. Sein Körper wusste, wie man Dekompression durchführte, aber sein Geist war längst woanders – zwischen den Zeilen des Manuskripts, das sich in ihm eingeschrieben hatte.

Als er auftauchte, war das Meer ruhig, beinahe glasig. Die Sonne stand tief, kurz vor dem Verschwinden. Ihr Licht war golden und schwer, wie geschmolzene Zeit.

Er zog die Maske ab. Die Luft roch salzig, klar, fremd.

Das Boot lag still da, wie ein stiller Zeuge. Er zog sich hinauf, legte die Ausrüstung ab, setzte sich auf das Deck. Nichts rührte sich. Doch in ihm war Bewegung.

Die schwarze Schatulle lag fest in seiner Hand. Sie war leer, seit er den Stein abgelegt hatte. Und doch: schwerer denn je.

Er wusste, dass Mika irgendwo wartete. Vielleicht nicht physisch, aber im gleichen Kreis der Verbindung, den sie gemeinsam betreten hatten. Ihre Worte hallten in ihm nach. „Erinnere dich – und bewahre."

Er verbrachte die Nacht in seiner Wohnung, aber der Schlaf kam nicht.

Stattdessen träumte er wach. Von Kiyomi. Von Mika. Von einer Landschaft, die unter Wasser lag, doch atmete wie ein Wesen. Von alten Stimmen, die sich nicht aufsprachen, sondern flüsterten.

Am Morgen packte er seine Sachen. Nicht viel – nur das Notizbuch, die schwarze Schatulle, sein Tauchcomputer. Er fuhr nach Naha, dann weiter nach Norden, mit dem Bus durch kleine Küstendörfer, vorbei an verfallenen Schreinen, windschiefen Bäumen, und den weiten Reisfeldern, die wie Haut über das Land gespannt waren.

In einem Dorf namens Hentona stieg er aus. Dort hatte Kiyomi als Kind einmal gewohnt. Er erinnerte sich vage, war sich nicht sicher, ob es wahr war – oder nur Teil der Geschichte, die jetzt in ihm wuchs.

Er fand einen kleinen Schrein am Rande eines Bambuswäldchens. Ein Ort, der alt war – aber lebendig. Kein Tourist, kein Geräusch außer dem Flüstern der Blätter.

Er kniete nieder, legte die Schatulle in eine Vertiefung des Steins, über die Wasser lief. Nur ein Tropfen, langsam, aber stetig.

Dann begann er zu schreiben.

Seite für Seite, in das Notizbuch, das einst Mika gehört hatte. Er schrieb, ohne zu zögern. Über die Tiefe. Über das Objekt. Über den Stein. Über Kiyomi, über das verlorene Lachen, über das Summen, das nun zu einer Stimme geworden war.

Er schrieb, bis die Sonne unterging und das letzte Licht das Papier berührte.

Als er aufblickte, stand jemand da.

Ein Mädchen. Vielleicht zwölf. Mit dunklem Haar, barfuß im Moos. Ihre Augen waren weit geöffnet, aber nicht ängstlich. Sie hielt etwas in der Hand – ein kleines, schwarzes Objekt. Glänzend. Lebendig.

Sie reichte es ihm.

„Du hast es vergessen", sagte sie leise.

Shōji nahm es. Das Gewicht war vertraut. Die Form – identisch. Und doch: Es war nicht das gleiche Objekt. Es war... eine Fortsetzung.

Er nickte ihr zu. Keine Worte. Nur Verständnis.

Das Mädchen drehte sich um und verschwand zwischen den Bäumen.

Shōji blieb lange sitzen.

Als die Dunkelheit kam, fühlte sie sich nicht leer an. Sondern vollständig.

Einige Wochen später.

Ein Briefumschlag erreichte Mika.

Kein Absender. Nur ihr Name, kalligraphiert in sorgfältiger Hand.

Darin: Eine einzelne Seite. Ein Auszug aus einem Journal.

„Das Objekt ist kein Ding. Es ist ein Moment. Eine Entscheidung, ob wir vergessen – oder erinnern. Nicht alles, was in der Tiefe liegt, will verborgen bleiben. Manche Dinge warten auf uns, damit wir sie weitertragen."

Darunter: ein Symbol. Das verschlungene „S".

Und auf der Rückseite: ein Koordinatensatz.

Mika lächelte.

Sie wusste, dass sie bald reisen würde.

SIEBEN

„ KAGOSHIMA - FEUERLINIE "

Der Himmel über Kagoshima spannte sich klar und unbewegt über die Küste, während der Sakurajima wie ein schlafender Riese aus der Bucht ragte. Nur wer lange genug hinsah, bemerkte das sanfte Spiel der Aschewolken, das stetige Atmen eines lebendigen Berges. Hiroto Takahashi saß an seinem Schreibtisch, das Fenster geöffnet zur warmen Luft, die Rauch und Meeresduft miteinander vermischte. Die Monitore vor ihm flimmerten. Zahlen liefen über den Bildschirm, präzise, ruhig – zu ruhig.

Seit Tagen las er die Daten des Vulkans, der unter seinen Füßen lebte. Seismische Wellen, Gasemissionen, Druckkurven. Doch dazwischen war etwas, das sich seiner Deutung entzog. Kein plötzlicher Ausschlag, keine Katastrophe in den Daten – eher ein Rhythmus, der nicht zur Mathematik passte, sondern zu einer anderen Ordnung. Etwas stimmte nicht. Oder vielmehr: Etwas stimmte zu gut.

Ein Klopfen an der Tür holte ihn aus seiner Konzentration. Der Mann, der eintrat, war groß, wettergegerbt, seine Haltung aufrecht wie die Erinnerung an ein vergangenes Amt. „Takahashi-san?" Seine Stimme war ruhig, fast höflich. „Kenji Mori. Ich hörte, Sie suchen nach Antworten, die sich nicht auf dem Bildschirm finden."

Hiroto musterte ihn, überrascht, aber nicht unwillkommen. „Setzen Sie sich."
Kenji nickte. „Ich habe lange für die Polizei gearbeitet. Bin mit diesen Bergen vertraut. Und mit dem, was darunter liegt."

Hiroto schob die Tastatur zur Seite. „Ich sehe Anomalien in den Daten, aber... sie sprechen nicht mit mir."

„Dann müssen Sie vielleicht zuhören, nicht nur lesen." Kenji legte eine Karte auf den Tisch. Sie war alt, zerknittert, von Hand beschriftet. Linien schnitten sich durch das Gelände. Eine davon: rot, gezackt, durchzogen vom Rand des Sakurajima.

„Manche nennen sie die Feuerlinie", sagte Kenji leise. „Sie läuft nicht dort, wo man sie erwartet. Und sie verändert sich."

Hiroto fuhr mit dem Finger über die Linie. „Das ist keine tektonische Verwerfung."
„Nein. Aber sie lebt."

Draußen versank die Sonne langsam über der Bucht. Das warme Licht färbte den Rauch des Vulkans orange. Hiroto blickte hinaus, dann wieder auf die Karte. Der Gedanke, dass sich unter seinen Füßen etwas bewegte, das kein Instrument erfassen konnte, ließ ihn frösteln – trotz der sommerlichen Wärme.

„Es gab... Beobachtungen", begann Kenji. „Lichter. Stimmen. Flammen, die aus dem Boden stiegen. Und verschwanden, bevor jemand sie greifen konnte."
„Legenden?"
Kenji schüttelte den Kopf. „Erfahrungen."

Sie verabredeten sich für den nächsten Tag. Hiroto fühlte sich seltsam erleichtert – als hätte die Last der letzten Wochen endlich eine Form angenommen. Nicht in der Logik, sondern in der Ahnung.

Der Abend war warm und still, als sich Hiroto und Kenji in einem kleinen Café am Stadtrand trafen. Der Vulkan ragte wie ein Schattenriese am Horizont, die glimmenden Wolken über seinem Gipfel wirkten wie Zeichen einer alten Sprache. Zwischen dampfenden Tassen und flackernden Laternen breitete Kenji seine Notizen aus – Karten, Skizzen, alte Aufzeichnungen. Darunter ein vergilbter Bericht: Ein Mann beschrieb flüchtige Feuerzungen, die nachts über den Felshängen tanzten.

„Es gibt Orte am Sakurajima, an denen man die Erde nicht nur misst", sagte Kenji, „sondern spürt. Als würde sie atmen – und erinnern."

Hiroto faltete eine Karte auseinander. „Das ist keine messbare Aktivität. Kein tektonisches Verschieben, kein gewöhnlicher Druckausgleich." „Vielleicht ist es Erinnerung", entgegnete Kenji. „Oder etwas, das geweckt wurde."

Sie sprachen bis tief in die Nacht. Über verschwundene Wanderer. Über einen uralten Pfad in den Bergen, kaum mehr als ein Gerücht. Über Geschichten von früher, die in der Region nur noch als Flüstern existierten.

Dann, gegen Mitternacht, erbebte die Erde.

Nicht stark – aber spürbar. Das Café vibrierte, die Gläser klirrten, Gäste hielten inne. Hiroto sprang auf, blickte zum Vulkan. Über dem Krater leuchtete ein Licht, blassgrün, wie ein Irrlicht, das zögerte und dann verschwand.

„Es beginnt", sagte Kenji leise.

Am nächsten Morgen standen sie wieder vor der Karte. Hiroto hatte kaum geschlafen. Die Messdaten zeigten keine Auffälligkeiten – aber das Zittern hatte etwas verändert. Etwas war erwacht. Die Feuerlinie war keine Metapher mehr. Sie war real. Und sie bewegte sich.

Sie entschieden, den alten Pfad zu suchen. Kenji bereitete das Nötigste vor: Lampen, Seile, Notfallausrüstung. Hiroto notierte Koordinaten und sicherte Daten. Beide wussten, dass diese Reise keine gewöhnliche sein würde. Nicht nur, weil sie gefährlich war. Sondern weil sie in etwas führte, das zwischen Wissenschaft und Mythos lag.

Am frühen Nachmittag brachen sie auf. Der Wald empfing sie mit Dunst und Schatten. Der Pfad war schmal, überwuchert, kaum sichtbar. Vögel verstummten, als sie tiefer eindrangen. Die Bäume wirkten älter als alles, was Hiroto je gesehen hatte. Und die Erde unter ihren Füßen vibrierte leise – wie eine ferne Trommel.

„Noch ein Stück", sagte Kenji. „Dann beginnt das, was ich dir nicht erklären kann."

Sie erreichten einen schmalen Spalt im Fels – kaum breiter als ein Mensch. Der Pfad endete dort. Oder begann dort. Hiroto spürte, wie sich die Temperatur veränderte. Die Luft war schwerer, wärmer, durchzogen von Schwefel. Kenji schob einige Äste beiseite. „Hier ist der Eingang."

Sie krochen durch die Felsspalte. Dahinter öffnete sich ein niedriger Tunnel. Feuchtigkeit tropfte von der Decke. Das Licht ihrer Stirnlampen warf lange Schatten. Die Wände bestanden aus vulkanischem Gestein, durchzogen von Adern, die im Schein matt reflektierten. Das Summen, das Hiroto bislang nur gefühlt hatte, war nun hörbar – wie ein tiefer Ton, der durch den Stein wanderte.

„Du hörst es?", fragte Kenji.
„Ja. Es ist… rhythmisch."
„Die Erde erinnert sich", sagte Kenji. „Und sie spricht."

Nach einer halben Stunde durch schmale Gänge weiteten sich die Wände. Sie standen in einer Kammer, rund wie eine Kuppel, etwa zehn Meter im Durchmesser. An den Wänden: Zeichen. In Stein geritzt, überzogen von mineralischen Ablagerungen. Hiroto trat näher. Manche Zeichen erinnerten an japanische Kanji – aber nicht vollständig. Andere waren geometrisch, fast astronomisch. Spiralen. Dreiecke. Kreise in Bewegung.

„Was ist das?", flüsterte Hiroto.
„Warnungen", sagte Kenji. „Vielleicht auch Aufzeichnungen."

In der Mitte der Kammer stand ein steinernes Podest, flach und rund. Darauf: ein Behälter, länglich, aus dunklem Metall. Kalt trotz der Wärme ringsum. Hiroto öffnete ihn vorsichtig. Darin: ein Bündel aus Papier, sorgsam mit Tuch umwickelt, geschützt vor Feuchtigkeit. Er entrollte es langsam. Es war alt – vielleicht Jahrhunderte. Die Schrift war klar, handschriftlich, in alter Sprache. Ein Mönch, der hier vor langer Zeit lebte, beschrieb Erdbeben, Lichterscheinungen, das Gefühl einer

Präsenz, die unter dem Vulkan wohnte. Eine Intelligenz – oder ein Gedächtnis. Kein Gott. Kein Dämon. Etwas anderes.

„Er nennt es die Wurzel", sagte Hiroto. „Eine Art Knotenpunkt. Zwischen Welten. Zwischen Zeiten."

Kenji legte die Hand auf eine eingeritzte Spirale. „Ich glaube, die Feuerlinie ist kein geologisches Phänomen. Sie ist… ein Nervensystem. Der Vulkan erinnert sich. Und wenn wir ihn zu sehr stören… antwortet er."

Ein tiefes Grollen vibrierte durch den Boden. Staub rieselte von der Decke. Die Erde war nicht wütend. Aber wach.

Sie verließen die Kammer, als das Grollen zunahm. Der Tunnel schien enger, dunkler, die Wände pulsierend wie ein lebendiger Organismus. Draußen hatte sich die Welt verändert. Der Himmel war dunkelrot. Der Gipfel des Sakurajima leuchtete – nicht wie gewöhnlich, sondern mit innerem Licht, als wäre er durchleuchtet von Erinnerungen, nicht von Lava.

„Das ist kein Ausbruch", sagte Hiroto. „Es ist ein Aufwachen."

In der Stadt heulten Sirenen. Menschen liefen, Fahrzeuge stauten sich. Asche fiel vom Himmel, feiner Staub wie Schnee. Doch kein Chaos – eher eine gespannte Erwartung. Hiroto und Kenji fuhren zurück, stellten Ausrüstung sicher, speicherten Daten. Dann traf eine Nachricht ein. Kein Absender. Nur ein Bild: ein alter, versiegelter Umschlag mit der Aufschrift: „Für diejenigen, die hören können."

Kenji erkannte die Handschrift. „Das ist aus der Kammer. Jemand war vor uns dort. Und hat es vorbereitet."

Sie folgten den Koordinaten, die dem Bild beilagen. Tief im Westen des Kraters, hinter einer Felsspalte, fanden sie den Ort. Eine Kammer aus Basalt, glatt geschliffen, als wäre sie nicht natürlich entstanden. In der Mitte ein steinerner Schrein. Darin: ein Buch.

Der Einband war dunkel, mit Symbolen bedeckt. Sie öffneten es. Alte Sprache, aber lesbar. Berichte über Zyklen. Über die „Wurzel der Erinnerung" – ein Konzept, das die Erde nicht als Objekt beschreibt, sondern als Wesen. Mit Gedächtnis, mit Reaktion. Die Feuerlinie sei der Weg, über den die Erde „zurückspricht", wenn sie verletzt oder ignoriert werde. Die alten Kulturen hatten Rituale – nicht zur Anbetung, sondern zur Koordination. Kommunikation mit dem Lebewesen Erde.

„Wir haben nie zugehört", flüsterte Hiroto. „Nur genommen. Gemessen. Erklärt."
Kenji nickte. „Aber nie verstanden."

Ein letzter Eintrag im Buch war neu. Mit heutiger Tinte. „Ihr habt das Herz der Linie betreten. Die Erde antwortet. Aber sie fragt auch."

Dann, plötzlich, ein neues Beben. Gewaltiger als zuvor. Doch statt Zerstörung breitete sich ein tiefes, vibrierendes Leuchten aus – als würde der Vulkan selbst „atmen". Das Licht bewegte sich entlang der Risse im Gestein, als würde es eine alte Karte nachzeichnen. Eine Linie aus Feuer und Wissen.

Sie standen lange dort. Staunend. Schweigend.

In den Tagen nach dem Ereignis erholte sich Kagoshima nur langsam. Die Stadt war nicht zerstört – doch verändert. Der Sakurajima war ruhiger geworden, fast friedlich. Die Seismografen zeigten keine gewohnten Muster mehr. Die Emissionen hatten sich verschoben – als hätte der Vulkan einen alten Zyklus beendet und einen neuen begonnen.

Hiroto und Kenji kehrten in die Stadt zurück, nicht als Wissenschaftler und Polizist, sondern als Zeugen. Sie dokumentierten, sammelten, übersetzten. Doch vieles, was sie gesehen und gehört hatten, ließ sich nicht erklären. Manche der Aufnahmen zeigten Zeichen, die später verschwanden. Andere Dateien waren beschädigt – als hätte etwas ihre Speicherung beeinflusst.

Kenji zog sich zurück. Er ging an die Küste, beobachtete den Horizont. „Vielleicht war das unsere letzte Warnung", sagte er einmal. „Oder unsere erste Einladung."

Hiroto schrieb. Nicht nur Fachartikel, sondern ein Buch. Über „Erinnerungslinien der Erde", über das Konzept der Wurzel, über Dialog statt Kontrolle. Er hielt Vorträge, doch viele hörten nicht richtig zu. Es klang zu sehr nach Mythos.

Doch es gab auch andere. Junge Geologen, spirituelle Forscher, Anthropologen – sie kamen nach Kagoshima, wanderten zur Feuerlinie, hörten, zeichneten, lasen. Hiroto führte sie manchmal. Zeigte nicht alles. Aber genug.

Und dann, eines Nachts, hörte er es wieder. Das Flüstern. Ganz leise, durch das offene Fenster seiner kleinen Wohnung. Kein Beben. Kein Ton auf den Instrumenten. Nur eine Stimme – nicht von außen, sondern von innen.

„Du hast geantwortet."

Hiroto schloss die Augen. Die Erde war nicht mehr still. Und er war nicht mehr taub.

ACHT

„ N A R A - R E H A U G E "

Mein Name ist Yui, ich bin sieben Jahre alt und ich wohne in einem kleinen Haus am Rand von Nara, einer Stadt, die berühmt ist für ihre vielen Rehe und den großen, alten Wald. Jeden Tag, wenn die Sonne gerade aufgegangen ist und alles noch still ist, gehe ich in den Wald, um den Tieren zuzuhören.

Manchmal sagen die Erwachsenen, ich soll nicht so viel Zeit draußen verbringen, weil das gefährlich sein könnte. Aber ich glaube, der Wald ist mein bester Freund. Er spricht mit mir — nur ich kann seine Stimmen hören.

Letzten Mittwoch war so ein besonderer Morgen. Die Luft war kühl und frisch, und die Sonnenstrahlen malten goldene Muster auf den moosbewachsenen Boden. Ich saß auf einem großen Stein, der warm von der Morgensonne war, und hörte zu.

Zuerst hörte ich nur das Zwitschern der Vögel. Doch dann, ganz leise, ein Rascheln im Gebüsch. Ich hielt den Atem an und schaute hin. Ein kleines Reh kam vorsichtig hervor, seine Augen glänzten wie zwei funkelnde Sterne.

Es schaute mich direkt an, und ich spürte, wie mein Herz schneller schlug.

„Yui," flüsterte das Reh mit einer Stimme, die sich wie Wind in den Blättern anhörte, „du kannst hören, was andere nicht hören. Du bist die Einzige, die die Wahrheit finden kann."

Ich wollte fragen, was es meinte, aber die Worte waren wie ein geheimnisvoller Traum, der langsam verblasste. Doch ich wusste, dass ich auf das Reh hören musste.

Den ganzen Tag über dachte ich an die Worte des Rehs. In meinem kleinen roten Notizbuch, das ich immer bei mir trage, schrieb ich alles auf: die Stimmen, die Farben, die Geheimnisse.

Und dann, in der Nacht, hörte ich die Stimmen wieder — nicht nur der Tiere, sondern auch von Menschen. Sie sprachen von einem Mann, der im Wald verschwunden war, von einem Schatten, den niemand fassen konnte.

Niemand sonst glaubte mir, wenn ich davon erzählte. Mama lächelte nur sanft und sagte, ich solle mir keine Sorgen machen. „Manchmal erfindet man Geschichten, wenn man zu viel allein ist," sagte sie.

Aber ich weiß es besser. Die Stimmen lügen nicht.

Der Morgen war kühl und leise, als ich aus dem Bett kletterte. Durch das kleine Fenster meines Zimmers schien das blasse Licht der aufgehenden Sonne, das die Blätter der Bäume vor meinem Haus in ein sanftes Gold tauchte. Ich zog meine warme Jacke an, schnappte mein rotes Notizbuch und machte mich auf den Weg in den Wald, der nur wenige Schritte von meinem Zuhause entfernt war. Es war mein geheimer Ort, mein Zufluchtsort, wo die Stimmen der Tiere mich erwarteten.

Der Tau lag noch auf den Gräsern, und jeder meiner Schritte hinterließ feuchte Abdrücke im moosigen Boden. Um mich herum herrschte eine besondere Stille, fast so, als würde die Natur den Atem anhalten und auf etwas warten. Die Bäume reckten ihre Äste zum Himmel, als wollten sie mich einladen, ihnen zuzuhören.

Ich setzte mich auf einen dicken Baumstumpf, der wie ein uralter Thron wirkte. Ich öffnete mein Notizbuch und begann, die Geräusche und Stimmen festzuhalten, die ich fühlte: das sanfte Flüstern der Blätter, das leise Rascheln von kleinen Tieren, das Knistern trockener Äste.

Plötzlich vernahm ich ein neues Geräusch. Ein leises Knacken, fast wie vorsichtige Schritte, die sich durch das Unterholz bewegten. Ich schaute auf und erblickte einen kleinen Fuchs, der mich mit seinen dunklen, klugen Augen ansah. Sein Fell glänzte rotbraun im Morgenlicht, und er schien etwas zu wissen, das ich nicht verstand.

Der Fuchs sprang leichtfüßig ein paar Schritte vorwärts, drehte sich um und sah mich erwartungsvoll an, als wolle er sagen: „Komm mit, ich zeige dir etwas." Mein Herz schlug schneller. Ohne zu zögern stand ich auf und folgte ihm vorsichtig tiefer in den Wald hinein.

Der Pfad wurde schmaler und die Schatten länger. Die Luft roch nach feuchtem Holz und Erde. Schließlich erreichten wir eine kleine Lichtung, umgeben von hohen, alten Bäumen, deren Äste sich wie schützende Arme über den offenen Raum legten. In der Mitte der Lichtung stand ein verfallener Schuppen, dessen Holz von Moos und Flechten bedeckt war. Er sah aus, als wäre er seit Jahrzehnten verlassen.

Ein kalter Windhauch streifte mein Gesicht, und ein Schauer lief mir über den Rücken. Der Ort war voller Geheimnisse, spürbar und doch verborgen. Ich setzte mich an den Rand der Lichtung und hörte genau hin.

Die Stimmen wurden deutlicher. Das Reh, der Fuchs und sogar die Vögel erzählten eine Geschichte von einem Mann, der hier vor langer Zeit verschwunden war. Niemand wusste, was mit ihm geschehen war. Die Tiere erzählten von einem Schatten, der nie gefasst wurde, einem dunklen Geheimnis, das im Verborgenen lag.

Ich zog mein Notizbuch hervor und begann zu schreiben. Jede einzelne Stimme, jedes Wort wollte ich festhalten. Warum erzählten sie mir das? Warum ich? Ich fühlte eine Mischung aus Angst und Neugier, doch ich wusste: Ich musste diesem Geheimnis auf den Grund gehen.

Als ich abends nach Hause zurückkehrte, erzählte ich meiner Mutter von der Lichtung und den Stimmen. Doch sie lächelte nur sanft und sagte: „Yui, solche Geschichten sind nur Fantasie. Du musst keine Angst haben."

Doch ich konnte ihre Worte nicht ganz glauben. In meinem Herzen wusste ich, dass da mehr war — ein Geheimnis, das tief in diesem Wald verborgen lag und nur darauf wartete, entdeckt zu werden.

Der nächste Tag begann mit einem leichten Nebel, der wie ein geheimnisvoller Schleier über dem Wald lag. Ich zog meine Stiefel an, packte mein rotes Notizbuch und machte mich wieder auf den Weg zur Lichtung. Die Luft war kühl, und jedes Geräusch hallte seltsam gedämpft zwischen den Bäumen wider.

Als ich die Lichtung erreichte, spürte ich sofort, dass etwas anders war. Der verfallene Schuppen wirkte noch düsterer, als hätte er ein Geheimnis verschluckt, das er nicht mehr loslassen wollte. Ich setzte mich auf einen umgefallenen Baumstamm und schlug mein Notizbuch auf. Die Worte vom Vortag lagen schwer auf meiner Seele.

Plötzlich hörte ich ein Rascheln. Es war nicht der Fuchs oder das Reh, sondern etwas Anderes. Vorsichtig stand ich auf und blickte umher. Da war ein kleiner Vogel, ein Buntspecht, der an einem Baumstamm hämmerte. Sein rhythmisches Klopfen mischte sich mit einem leisen Wispern, das wie Stimmen klang, die durch die Äste wehten.

Die Stimmen wurden klarer und erzählten von einem Mann, der in den Bergen von Sapporo verschwunden war – jemand, den ich aus den Geschichten der Tiere kannte. Ein Schatten, der nie aufgeklärt wurde. Ich schlug die Augen auf und dachte an die Onsen-Wirtin, von der ich schon einmal gehört hatte. Ihre Geschichte schien mit diesem Geheimnis verbunden zu sein.

In meinem Herzen begann sich ein Puzzle zusammenzufügen. Die Stimmen der Tiere und die Geschichten der Menschen waren wie Fäden, die sich verbanden. Ich wusste, dass ich weiter zuhören musste.

Ich schrieb alles auf, jede Kleinigkeit, jeden Ton, jede Erinnerung. Mein rotes Notizbuch wurde immer voller, und ich spürte, wie die Grenzen zwischen Realität und Geheimnis verschwammen.

Am Abend, als die Sonne hinter den Bergen versank und der Himmel in rosa und violett getaucht war, lag ich in meinem Bett und lauschte den Stimmen, die leise durch mein Fenster wehten.

Ich wusste, dass ich nicht aufgeben durfte. Die Wahrheit wartete auf mich – irgendwo zwischen den Bäumen, im Flüstern des Waldes.

Der Morgen war klar und kühl, als ich mich erneut auf den Weg zum Wald machte. Die Sonne stand schon höher, und die Vögel sangen laut ihre Lieder, doch in meinem Herzen war noch immer dieses leise Flüstern, das mich nicht losließ.

Ich ging langsam den Pfad entlang, der zur Lichtung führte. Plötzlich sah ich mehrere Rehe, die still zwischen den Bäumen standen und mich mit großen, sanften Augen beobachteten. Eines von ihnen, das größte mit einem weißen Fleck auf der Stirn, trat näher heran.

Es senkte den Kopf leicht und ich spürte eine Wärme, die durch meinen Körper floss. Das Reh sprach zu mir, nicht mit Worten, sondern mit Bildern und Gefühlen, die direkt in mein Herz drangen. Es zeigte mir Szenen aus der Vergangenheit: einen Mann, der durch den Wald lief, Angst in den Augen; dann eine Frau, die weinte; und schließlich eine Tür, die sich leise schloss.

Ich verstand, dass diese Bilder ein Hinweis waren – auf etwas, das verborgen war und aufgedeckt werden wollte. Die Rehe baten mich, weiter zu suchen und die Schatten zu vertreiben, die über dem Wald lagen.

Mit zitternden Händen schrieb ich alles in mein Notizbuch, während die Tiere mich weiter beobachteten. Ihre Augen strahlten eine stille Hoffnung aus, die mich tief berührte.

Als ich später nach Hause zurückkehrte, spürte ich eine neue Kraft in mir. Ich war nicht mehr nur ein Mädchen mit einer blühenden Fantasie. Ich war jemand, der eine wichtige Aufgabe hatte – eine Aufgabe, die vielleicht das Leben vieler verändern konnte.

Der Tag begann mit einem Himmel, der von dicken, grauen Wolken bedeckt war. Ein leichter Wind wehte durch die Straßen von Nara, und ich spürte, dass heute etwas anders war. Nicht nur der Wald schien stiller zu sein, sondern auch mein Herz schlug langsamer, als würde es auf ein geheimnisvolles Flüstern warten.

Ich zog meinen Mantel fest um mich, nahm mein rotes Notizbuch und machte mich auf den Weg. Der Pfad zum Wald wirkte heute dunkler, die Schatten der Bäume länger und geheimnisvoller. Je weiter ich ging, desto mehr fühlte ich, wie sich eine schwere Last auf meine Schultern legte. Es war, als ob der Wald selbst seine Geschichte vor mir schützen wollte.

Als ich die Lichtung erreichte, sah ich, dass der alte Schuppen geöffnet war. Ein kalter Luftzug wehte mir entgegen, und ich konnte das leise Knarren der morschen Holzbalken hören. Ich trat vorsichtig näher und spürte die Kälte, die von dem verfallenen Gebäude ausging.

Plötzlich hörte ich Stimmen – nicht die der Tiere, sondern leise, menschliche Flüstertöne. Mein Herz klopfte wild. Ich ging näher und entdeckte, dass jemand in der Nähe war. Hinter einem Baum stand ein älterer Mann mit müden Augen, der mich aufmerksam beobachtete.

„Du bist das Mädchen aus dem Dorf, das die Stimmen hört", sagte er mit rauer Stimme. Sein Blick war streng, doch seine Augen verrieten eine tiefere Traurigkeit.

Ich nickte schüchtern. „Ja, ich versuche das Geheimnis des Waldes zu verstehen."

Er seufzte schwer. „Es gibt Dinge, die besser verborgen bleiben. Der Mann, der hier verschwand, hatte Feinde, und die Schatten, die ihn jagen, sind noch immer da."

Ich spürte, wie sich eine Mischung aus Angst und Mut in mir regte. Ich wollte wissen, was wirklich geschehen war. „Bitte, erzählen Sie mir mehr," bat ich leise.

Der Mann trat näher, und seine Stimme wurde weicher. „Damals war er ein Ermittler, der in eine Sache verwickelt wurde, die niemand lösen konnte. Die Wahrheit hat ihn eingeholt – auf eine Weise, die niemand erwartet hat."

Ich schrieb alles auf, jede Einzelheit, jede Nuance seiner Worte. Die Schatten der Vergangenheit waren schwer, aber ich wusste, dass ich ihnen folgen musste, um die Geschichte zu Ende zu bringen.

Als ich an diesem Abend in meinem Zimmer saß, fühlte ich mich nicht mehr allein. Der Wald, die Tiere, die Menschen – sie alle waren Teil einer großen Geschichte, die ich entdecken durfte. Und ich war bereit.

Der Regen hatte in der Nacht aufgehört, aber die Luft war noch feucht und schwer. Als ich aus dem Fenster blickte, sah ich, wie die Tropfen von den Blättern der Bäume langsam in kleinen Perlenschnüren hinabglitten. Es war, als hätte der Wald über Nacht sein Geheimnis noch tiefer in sich verschlossen.

Ich zog meine Gummistiefel an, schnappte mein rotes Notizbuch und machte mich auf den Weg. Der Boden war matschig, und ich musste vorsichtig treten, um nicht auszurutschen. Der Wald roch nach nassem Moos und Erde, ein Duft, der mich beruhigte und zugleich neugierig machte.

Ich nahm einen kleinen Pfad, den ich vorher nie bemerkt hatte – er führte tiefer in den Wald hinein, weg von der vertrauten Lichtung. Die Bäume wurden dichter, und das Licht brach nur in vereinzelten Strahlen durch das Blätterdach.

Plötzlich hörte ich ein leises Kichern. Mein Herz schlug schneller, und ich blickte mich um. Dort, zwischen den Farnen, stand ein kleines Mädchen mit schwarzen Haaren und großen Augen, die mich aufmerksam musterten. Sie lächelte schüchtern und sagte: „Du bist Yui, oder? Ich habe deine Geschichten gehört."

Ich war überrascht, aber auch froh, jemanden zu treffen, der meine Gefühle verstand. „Ja, das bin ich," antwortete ich. „Kennst du die Geheimnisse des Waldes?"

Sie nickte. „Ja, ich höre die Stimmen der Tiere auch. Sie erzählen mir, dass die Wahrheit oft tief verborgen ist – unter den Wurzeln, in den Schatten, wo niemand hinsieht."

Gemeinsam gingen wir weiter. Sie zeigte mir versteckte Orte: alte Baumstämme, die wie Tore wirkten, und kleine Verstecke, in denen sich Spuren von längst vergangenen Zeiten verbargen. Ihre Worte klangen wie ein Zauber, der den Wald lebendig machte.

Ich spürte, dass ich nicht mehr allein war. Unsere Herzen verbanden sich mit der Magie dieses Ortes. Und gemeinsam würden wir das Geheimnis lüften – Stück für Stück, Schritt für Schritt.

Der Tag begann mit einem Himmel, der wie aus Glas schimmerte. Die Sonne war hell, aber nicht heiß, und ein leichter Wind spielte mit den Blättern der Bäume. Ich fühlte mich mutig und neugierig, als ich mit meinem roten Notizbuch in der Hand wieder in den Wald ging.

Mein kleiner Freund, das Mädchen vom letzten Tag, war schon da. Sie wartete auf mich, lächelte und hielt eine kleine, alte Karte in der Hand. „Das ist eine Schatzkarte", sagte sie geheimnisvoll. „Sie zeigt Orte, die verborgen sind und etwas mit dem verschwundenen Mann zu tun haben."

Wir folgten der Karte vorsichtig, die uns durch dichte Büsche und über moosbedeckte Steine führte. Manchmal musste ich mich tief bücken, um unter Zweigen hindurchzukriechen, und manchmal hörten wir ein Rascheln, das uns erschreckte und doch faszinierte.

Je weiter wir gingen, desto mehr spürte ich, dass wir einer Wahrheit nahe kamen, die niemand aussprechen wollte. Die Tiere des Waldes schienen uns zu beobachten, als würden sie uns warnen, nicht zu tief zu graben.

An einem kleinen Bach hielten wir an. Dort lag ein altes, verrostetes Medaillon, halb im Wasser verborgen. Ich hob es vorsichtig auf und spürte, wie sich eine Verbindung zu der Geschichte auftat – ein Schlüssel, der Türen öffnen konnte.

Wir setzten uns auf einen Stein und sahen uns die Karte und das Medaillon genau an. Ich begann zu schreiben, was ich fühlte und sah: Das Geheimnis war größer als ich gedacht hatte. Es war ein Netz aus Schatten und Licht, aus Vergangenheit und Gegenwart.

Als die Sonne langsam unterging und die ersten Sterne am Himmel erschienen, wusste ich: Wir waren erst am Anfang unserer Reise.

Die erste Dämmerung lag sanft über den Hügeln von Nara, als ich mich wieder auf den Weg zum Wald machte. Der Morgen war kühl, die Luft frisch und erfüllt vom Duft der Erde und der blühenden Pflanzen. Meine Hände umklammerten fest mein rotes Notizbuch, das wie ein Schatz in meiner Brust schlug.

Heute fühlte sich alles anders an. Es war, als ob der Wald selbst mich rief, mit einer Stimme, die ich längst kannte, aber nie so klar gehört hatte. Die Rehe standen am Rand der Lichtung, ihre Augen glänzten im sanften Licht. Das größte von ihnen kam auf mich zu, und für einen Moment schien die Zeit stillzustehen.

Ich setzte mich auf einen moosbedeckten Stein und öffnete mein Notizbuch. Die Worte flossen wie ein Fluss aus meiner Feder, getragen von Erinnerungen und Hoffnung. Ich dachte an die Geschichten, die ich gehört hatte – von einem Mann, der im Schnee verschwand, von verlorenen Stimmen und verborgenen Geheimnissen.

Plötzlich fühlte ich eine Wärme, die mein Herz durchströmte, als würde der Wald selbst mich umarmen. Die Schatten, die mich früher ängstigten, wichen zurück, und ein helles Licht erfüllte die Lichtung. Ich sah, wie die Tiere zusammenkamen – Rehe, Vögel, sogar ein scheuer Fuchs – als wollten sie mir sagen, dass ich angekommen war.

In diesem Moment verstand ich: Die Wahrheit ist nicht immer laut oder klar, manchmal ist sie ein zartes Flüstern, das nur jene hören, die wirklich zuhören wollen. Und ich war bereit, dieses Flüstern weiterzutragen – für die Tiere, für die Menschen, für die Geschichten, die nie vergessen werden dürfen.

Als ich zurückging, fühlte ich mich leicht und frei. Die Stimmen des Waldes begleiteten mich, und ich wusste, dass ich nie wirklich allein sein würde. Denn in jedem Schatten gibt es ein Licht – und in jedem Flüstern eine Geschichte, die darauf wartet, erzählt zu werden.

NEUN

„ A O K I G A H A R A – D I E L E E R E S P R I C H T "

Der Regen hatte gerade erst aufgehört, als Jun'ichi das kleine Bahnhofs-
gebäude von Kawaguchiko verließ. Der Dampf seiner Atemzüge ver-
mischte sich mit dem Nebel, der vom Waldrand heraufkroch. Hinter
ihm war der Fuji fast vollkommen in Wolken gehüllt, nur sein Fuß war
sichtbar – ein dunkler Schatten gegen das fahlgraue Morgenlicht.

Er trug nur eine kleine Umhängetasche bei sich. Darin befand sich ein
Notizbuch, ein mechanischer Bleistift, ein alter Schlüssel aus Messing
und ein schwarz gebundenes Buch ohne Titel auf dem Einband. Es war
nicht sein Buch. Eigentlich war es der Grund, warum er hier war.

Jun'ichi war Schriftsteller, oder hatte es zumindest bis vor einem Jahr
versucht zu sein. Dann war der Faden gerissen. Die Geschichten kamen
nicht mehr, oder kamen nur in Bruchstücken, verstümmelt, als Stimmen
ohne Körper. Eine Weile hatte er geglaubt, es sei eine Blockade, dann
hatte er aufgehört zu glauben.

Bis vor drei Wochen ein Buch in seinem Briefkasten lag. Kein Absender,
keine Notiz. Nur dieses kleine schwarze Buch. Als er es aufschlug, stan-
den auf der ersten Seite zwei Worte:

„Kehre zurück."

Er wusste sofort, was gemeint war.

Aokigahara war kein Ort, den man einfach „besuchte". Es war ein Wald,
der still war in einer Weise, die fast unnatürlich wirkte. Kein Wind

bewegte die Bäume, kein Tiergeräusch war zu hören. Die Dichte der Vegetation schluckte das Licht, der moosbedeckte Boden alle Geräusche.

Jun'ichi war einmal vor vielen Jahren hier gewesen – damals als junger Mann, getrieben von Neugier, nicht von Notwendigkeit. Heute schritt er langsamer, mit einem Blick, der weniger suchte und mehr erinnerte.

An seinem dritten Schritt ins Unterholz hatte er das Gefühl, der Wald bemerke ihn.

Er blieb stehen.
Atmete.
Hörte nichts – und genau das war es, was ihn frösteln ließ.

Er zog das schwarze Buch aus seiner Tasche, schlug es auf – doch die Seiten waren leer. Bis auf die letzte. Dort stand in dünner, fremder Handschrift:

„Du bist nicht allein. Und warst es nie."

Er wollte lachen, aber seine Kehle blieb still.

Der erste Tag verlief in seltsamer Trägheit. Er ging nicht weit, machte an einem großen Baum mit verdrehter Rinde Halt. Dort setzte er sich, schrieb eine Zeile in sein Notizbuch. Nur eine.

„Ich bin gekommen, um zu hören."

In der Nacht träumte er von einer alten Frau mit einem Pinsel in der Hand, die auf Reispapier Worte schrieb, die sich im Licht auflösten. In der Ecke des Zimmers stand ein roter Koffer. Als er sie fragen wollte, wer sie sei, hob sie nur eine Hand – und wies auf sein eigenes Herz.

Als er aufwachte, war Tau auf seiner Stirn.

Neben ihm lag ein Stück Papier, das vorher nicht dort gewesen war.

„Sapporo. Onsen. Winter. Du warst nah."

Er starrte darauf, als wäre es ein Teil von ihm, der längst vergessen war.

Am Morgen nach dem Traum war der Wald seltsam verändert. Jun'ichi wusste nicht, ob es an seinem Blick lag oder an der Art, wie das Licht durch das Blätterdach fiel – aber die Schatten wirkten tiefer, als würden sie weiter zurückreichen als der Tag davor.

Er packte seine Tasche, steckte das geheimnisvolle Papier ein und folgte einem kaum sichtbaren Pfad. Nicht, weil er ihn kannte – sondern weil er das Gefühl hatte, dass er erwartet wurde.

Nach wenigen Minuten fand er etwas Ungewöhnliches: ein einzelnes rotes Tuch, sorgfältig an einem Zweig befestigt. Es war verblasst, aber die Farbe erinnerte ihn an etwas – ein Schrein, irgendwo am Rand eines Vulkans, an einen alten Mann mit rauer Stimme, der sagte, „Das Beben kommt nicht nur von unten."
Ein Satz aus einer anderen Geschichte. Ein Schatten aus Kagoshima.

Das Tuch bewegte sich nicht im Wind.
Denn es gab keinen.

Jun'ichi ging weiter, und es dauerte nicht lange, bis er auf ein hölzernes Windspiel stieß, das in einem tief hängenden Ast baumelte. Es war alt, verwittert, aber klanglos.
Nur als er daran vorbeiging, hörte er einen Ton – nicht in seinen Ohren, sondern in seiner Brust. Wie eine Erinnerung, die sich von selbst meldete.

Ein helles, kurzes Klingeln.
Dann: eine Stimme, kaum hörbar.

„Nicht alles, was klingt, kommt von außen."

Er fuhr herum. Niemand war da.
Doch das Gefühl, beobachtet zu werden, wuchs.

Er setzte sich auf einen Stein nahe eines umgestürzten Baumes, öffnete sein eigenes Notizbuch. Seite für Seite blätterte er durch seine alten,

angefangenen Romanfragmente.
Eines davon trug den Titel „Glas unter der Stadt" – er erinnerte sich
kaum daran, es geschrieben zu haben.

Der Name der Hauptfigur war Hiro.
Ein U-Bahn-Fahrer in Tokio.
Seine Tochter war verschwunden.

Jun'ichi hielt den Atem an. Das konnte kein Zufall sein.

Er erinnerte sich: Dieses Fragment war ihm nicht selbst eingefallen. Er
hatte es vor einem Jahr geträumt – als er in einer schlaflosen Nacht am
Kaffeetisch saß und ihm eine Szene kam, so vollständig, dass er sie nur
noch aufschreiben musste.

„Ich habe es geträumt," flüsterte er in den stillen Wald.
„Oder habe ich es gehört?"

In einer kleinen Senke, von Farnen gesäumt, fand er eine Glasscherbe,
eingebettet zwischen Moos und Wurzel. Es war kein gewöhnliches Glas
– geschwungen, wie geschmolzen. Als hätte es Hitze erlebt, oder Erinne-
rung.

Er hob es auf – und im selben Moment durchzog ihn ein Bild:
Ein Mädchen mit einem Rehauge.
Ein Wald in Nara.
Flüstern zwischen den Zweigen.

Und dann:
Ein Kalligraf, der mit zittriger Hand einen Namen zu Papier bringt.
Ein altes Buch, dessen Seiten sich im Wind bewegen, obwohl keine Luft
weht.

Jun'ichi sackte auf die Knie.
Die Geschichten waren da.
Sie waren nie ganz fort.
Sie hatten nur gewartet, bis jemand kam, der sie sehen wollte.

Als er wieder aufsah, war der Nebel dichter geworden.

Und in der Ferne, zwischen zwei Birken, stand ein Mädchen.
Sie trug ein gelbes Kleid und sah ihn nicht direkt an.
Aber sie bewegte sich nicht.

Er wollte sie rufen. Doch seine Stimme versagte.
Sie hob eine Hand – langsam – und zeigte auf einen Weg, der bisher
nicht da gewesen war.

Als Jun'ichi sich ihr näherte, verschwand sie.
Zurück blieb nur ein Faden Kirschblüten, wie aus Papier, über den
Waldboden gestreut.

Der Weg, den das Mädchen ihm gezeigt hatte – oder vielleicht nur der
Schatten eines Mädchens – war kein wirklicher Pfad. Er war da, solange
Jun'ichi ihn sah, aber sobald er blinzelte, schien er anders zu verlaufen.
Wie eine Melodie, die sich bei jedem Hören leicht verändert.

Nach einer halben Stunde, in der die Geräusche der Welt mehr und
mehr verschwanden, öffnete sich der Wald zu einer kleinen Lichtung.

Dort stand sie:
Eine verlassene Hütte, halb eingestürzt, mit moosbedecktem Dach und
windschiefen Balken. Sie wirkte, als sei sie aus einer anderen Zeit. Oder
aus keiner Zeit.

Ein Bamborolladen hing schief über dem Eingang. Als Jun'ichi näher
trat, bewegte sich nichts. Kein Tier floh, kein Vogel rührte sich. Es war,
als hätte selbst die Zeit hier angehalten.

Er öffnete vorsichtig die Tür.

Drinnen roch es nach altem Papier und Zedernharz.

In der Mitte des Raumes stand ein niedriger Tisch, auf dem ein einzel-
nes Blatt lag. Kein Staub hatte sich darauf gesammelt. Als hätte es je-
mand gerade erst hingelegt.

Er trat näher.

Darauf stand nur ein Satz, in feiner, grauer Tinte:

„Manche Geschichten schreiben sich nicht – sie kehren zurück."

Er setzte sich langsam auf den Boden. Die Hütte wirkte leer, doch voller Erinnerung. An der Wand hing ein Foto – vergilbt, unscharf. Ein Mann stand darauf, mit einer Kamera in der Hand, Schnee fiel in Flocken um ihn. War das der Fotograf aus Sapporo? Jun'ichi erinnerte sich vage. Oder besser gesagt: Er erinnerte sich an die Geschichte, die jemand darüber geschrieben hatte.

Ein knarrendes Geräusch lenkte seine Aufmerksamkeit zur hinteren Wand. Dort war ein alter Schrank, halb offen. Darin: ein gebundenes Buch. Mit Stoffeinband, verblasstem Muster.

Er zog es vorsichtig heraus und schlug es auf.

Auf der ersten Seite stand, in vertrauter Handschrift:

„Hideki, 1953–1980"

Jun'ichi blinzelte.
Das war der Name, den er kannte.
Die Physikstudentin aus Hiroshima hatte vom Tagebuch ihres Großvaters erzählt – oder zumindest hatte er davon gelesen... in einer Geschichte? In einem Buch? War es sein eigener Entwurf gewesen?

Er blätterte weiter.

Ein Eintrag sprang ihm ins Auge:

„...sie haben etwas gesehen, dort im Wasser, unter der Insel.
Ein Licht, das sich nicht messen ließ. Ich habe geschwiegen.
Manchmal denke ich, das Schweigen war ein Teil des Experiments."

Er klappte das Buch zu.
Sein Herz schlug schneller.

Diese Dinge konnte er sich nicht ausgedacht haben. Oder konnte er?
War das nicht die Grenze des Erzählens – wenn sich die eigenen Worte
von einem fortbewegen, als wollten sie sich selbst erzählen?

Als er die Hütte verließ, war es später Nachmittag.
Der Nebel war zurück, dichter als zuvor.

Am Rand der Lichtung, im Dickicht, hing ein altes Windspiel. Anders
als das erste aus Holz war dieses aus Glas – zart, blau und klar. Es
klirrte nicht. Aber in seiner Nähe hörte Jun'ichi ein Murmeln.

Eine Stimme.
Seine eigene?

„Wenn du sie findest, die Leere – dann füll sie nicht.
Hör ihr zu."

Er trat näher – und für den Bruchteil einer Sekunde glaubte er, im Glas
des Windspiels ein Gesicht zu sehen. Weiblich. Jung. Lachend.

Dann war es wieder nur Glas.

Der Nebel lichtete sich nicht. Er verschob sich nur. Wie ein atmendes
Wesen, das sich um Jun'ichi legte, nicht bedrohlich, aber wachsam.

Er lief ohne Ziel. Oder besser gesagt: geführt von etwas, das kein Ziel
brauchte.

Er hörte sie, bevor er sie sah.
Ein Lachen – hell, schräg, fast wie ein Vogelruf.

Dann eine Stimme:

„Die Tiere sagen, du hast vergessen, woher deine Worte kommen."

Jun'ichi blieb stehen.
Und da stand sie – ein Mädchen in einem blauen Mantel, zu groß für ihren Körper, mit zerzaustem Haar und einem Lächeln, das zu wissen schien, wie die Welt wirklich war.

Yui.

Er hatte den Namen nicht im Kopf gehabt, sondern im Herzen gespürt. Als hätte er sie schon einmal getroffen, im Traum eines anderen Kapitels. In einer anderen Stadt, unter Rehen und Schreinen.

„Yui?" fragte er.

Sie nickte, aber sagte nichts. Stattdessen bückte sie sich und hob ein kleines hölzernes Amulett aus dem Moos. Es war bemalt, einfach, kindlich: ein Fuchs mit roten Augen.

„Sie hören dich, weißt du. Die, denen du geschrieben hast."
„Ich habe niemandem geschrieben."
„Doch. Allen. Ich auch. Aber nur halb."

Jun'ichi wollte antworten, doch es fühlte sich an, als dürften hier keine schnellen Worte fallen.

Stattdessen setzte er sich auf einen umgestürzten Baum, das Moos weich unter ihm.
Yui setzte sich gegenüber, knabberte an einem Stück Trockenobst, das aus einer ihrer Taschen ragte.

„Die Frau in der heißen Quelle hat von dir gesprochen," sagte sie beiläufig.
„Sie sagte, du suchst keine Geschichte. Du bist eine."

Er fröstelte.
Sapporo. Die Wirtin. Die verschneite Hütte.

„Ich habe sie nie getroffen."
„Nicht mit den Füßen. Aber mit deinem Stift."

Ein Reh trat aus dem Nebel.
Seine Schritte waren lautlos, aber fest. Es sah sie beide an – und senkte den Kopf leicht.

„Sie glauben, du könntest helfen.
Oder zuhören. Vielleicht beides."

Yui stand auf, klopfte sich den Mantel ab und sagte nur:

„Wenn du wissen willst, woher dein Buch kommt, musst du unter den See."

Jun'ichi sah sie fragend an.

„Welcher See?"
„Der, den keiner sieht.
Der aus Erinnerungen."

Dann drehte sie sich um und ging davon.
Keine Verabschiedung, kein Blick zurück.

Nur der Wind, der leise flüsterte, als wolle er ein Kapitel umblättern.

Jun'ichi ging weiter, Yuis letzte Worte in den Gedanken: „Der See, den keiner sieht."

Es war kein Weg mehr da, nur Wurzeln und das leise Geräusch seiner Schritte. Irgendwann verlor er das Gefühl für Zeit. Alles wurde weich – Geräusche, Licht, sein eigenes Denken.

Dann war er da.

Eine Senke zwischen den Bäumen.
Kein Wasser zu sehen – und doch war da ein See.

Still.
Spiegelglatt.

Glasig, als würde er gar nicht aus Wasser bestehen, sondern aus Erinnerung.

Er kniete sich an den Rand. Im Spiegelbild sah er nicht sich selbst, sondern... eine kleine U-Bahnstation. Flackerndes Licht. Ein leerer Bahnsteig.
Tokio?

Seine Tochter stand dort.
Sie lächelte.
Er wollte rufen, aber der Laut blieb in seinem Hals stecken.

Die Wasseroberfläche kräuselte sich.
Das Bild war weg.

Dann sah er etwas in der Mitte des Sees treiben – ein kleines, handgeschriebenes Notizbuch, nur halb geöffnet, von Zeit und Wetter unberührt.

Er beugte sich vor.
Doch bevor er es erreichen konnte, tauchte es langsam unter.

Wie eine Antwort, die man nicht festhalten kann.

Jun'ichi blieb lange dort sitzen.
Er fragte sich, ob Geschichten vielleicht nicht erzählt werden wollen – sondern nur geteilt, für einen Moment, zwischen zwei Atemzügen.

Am Rand des Sees lag ein einzelnes Kirschblütenblatt.
Woher es kam, wusste er nicht. Aber er nahm es mit.

Der See verschwand hinter ihm, sobald er den Blick abwandte. Kein Ufer mehr, kein Glitzern. Nur Moos, das in mattem Grün leuchtete wie alter Samt.

Jun'ichi ging tiefer in den Wald. Es war nicht mehr weit – wohin, wusste er nicht. Doch sein Körper wusste es.

Ein Baum ragte mitten im Weg.
Alt, dick, verdreht.
Die Rinde war aufgesprungen, als hätte er zu viel gesehen.

Jun'ichi trat näher.
Ein Geräusch. Kein Tier, kein Wind.
Ein Wispern – aus dem Inneren des Baumes.

Er legte die Hand an den Stamm.
Warm.
Und dann: Worte.

Nicht gesprochen. Nicht gedacht.
Gefühlt.

„Wenn du lange genug zuhörst, wird das, was verschwunden ist, wieder flüstern."

Er presste die Stirn an das Holz.
Er sah Bilder – zu schnell für Bewusstsein, aber langsam genug für Erinnerung.
Ein Mädchen mit einem Reh in der Hand.
Ein Mann mit Kamera im Schneesturm.
Ein Glaswindspiel in einem Fenster.
Ein U-Bahn-Waggon, leer.

Dann Dunkelheit.

Seine Hand zitterte, als er sich löste.
In der Spalte der Rinde steckte etwas: ein gefalteter Zettel, alt, mit handgeschriebenen Zeichen in Grau.

Er öffnete ihn.

„Das Ende ist kein Ende.
Es ist nur der Ort, wo du nicht mehr erzählst."

Er faltete das Papier sorgfältig zusammen.
Steckte es in seine Jacke.

Der Wald war wieder still.

Jun'ichi setzte sich an die Wurzeln des Baumes, lehnte sich zurück,
schloss die Augen.

Und da wusste er plötzlich:

Er hatte das Ende nie gesucht.
Er hatte nur vergessen, dass er es selbst schreiben musste.

Der Wald war still. Nicht bedrückend – eher so, wie eine Bibliothek still
ist, wenn niemand umblättert.
Jun'ichi stand am Rand einer Lichtung, in der das Moos heller wirkte als
zuvor.
Vielleicht war es Morgen. Vielleicht nur der Moment nach einem langen
Traum.

In seinem Rucksack lag das Manuskript. Er hatte es gefunden zwischen
Wurzeln, wo er es nie hineingelegt hatte.
Als er es aufschlug, sah er Sätze, die er nicht erinnerte.
Namen, Orte.

„Yui steht unter einem Baum in Nara."
„Der Fuchs bewacht den Eingang."
„Ein Notizbuch, treibend in einem See, den man nur sieht, wenn man
ihn sucht."
„Der Zug hält nie an."

Jun'ichi blätterte weiter.
Sätze ohne Autor.
Gedanken, die wie Echos wirkten – nicht von ihm, aber für ihn.

Er setzte sich auf einen moosbedeckten Stein.
Hielt das Buch in der Hand.
Ein Windstoß fuhr durch die Lichtung und schlug die letzte Seite auf.

Dort stand nur ein einziger Satz.

„Manchmal sind wir nur die Leser unserer eigenen Geschichte."

Er lächelte.

Und in diesem Lächeln war etwas Weiches.
Kein Glück, kein Schmerz – sondern die seltsame Ruhe, die man emp-
findet, wenn man endlich den Anfang verstanden hat, den man für das
Ende hielt.

Als Jun'ichi aufstand, war da ein Pfad.
Nicht sichtbar. Aber spürbar unter den Füßen.
Er ging los. Nicht eilig, nicht zögernd.
Einfach gehend.

Hinter ihm schloss sich der Wald.

Und irgendwo, in einem alten U-Bahn-Wagen in Tokio, flackerte kurz
das Licht.

Dann war da nur noch Stille.

Und ein Gefühl, als habe jemand die letzte Seite umgeblättert.

Nachwort

„Ein letzter Blick zurück"

Die Geschichten sind zu Ende, doch ihre Schatten ziehen weiter.
Wie der Duft von Regen auf warmem Asphalt, wie das leise Surren einer Zikade in der Ferne – verschwinden sie nicht, sondern verweilen.

Vielleicht war es nur ein Flackern im Licht.
Vielleicht ein Echo in einer stillen Gasse in Nara, ein Brief auf dem Boden einer U-Bahn in Tokio, ein Lächeln, das nie ganz vergeht.

In einem Land, in dem selbst der Nebel Geschichten erzählt, tragen wir alle etwas mit uns fort. Ein Geräusch, ein Name, ein Licht, das bleibt.

Und so endet nichts ganz.
Neun Wege haben sich gekreuzt.
Neun Schatten bleiben zurück.
Und irgendwo – beginnt jemand vielleicht gerade, sie zu erinnern.

Nora Yamaguchi